Emmaus
... auf dem Weg

„Ich war vor Jahren das erste Mal in der Emmauskirche. Ich konnte mir in dieser sehr kleinen Kirche mit seinem ungewöhnlichen Mittelpfeiler und den eher grob gearbeiteten Emporen und Bankreihen ganz unmittelbar und sehr lebendig vorstellen, wie Menschen aus Generationen vor uns hier Schutz gesucht und Beistand erfleht haben, heirateten, Kinder getauft und gefirmt wurden, wie sie sich gefreut und auch getrauert haben. Diese Atmosphäre, dieses Unmittelbare, habe ich selten so intensiv in einer Kirche empfunden."

Detlef Voigt
Kirchgemeinde Borna

Das Gastmahl in Emmaus
Michelangelo Merisi da Caravaggio (1601)

Lukas 24, Vers 13-35 – Die Emmausjünger

13 Und siehe, zwei von ihnen gingen an demselben Tage in ein Dorf, das war von Jerusalem etwa zwei Wegstunden entfernt; dessen Name ist Emmaus.
14 Und sie redeten miteinander von allen diesen Geschichten.
15 Und es geschah, als sie so redeten und sich miteinander besprachen, da nahte sich Jesus selbst und ging mit ihnen.
16 Aber ihre Augen wurden gehalten, dass sie ihn nicht erkannten.
17 Er sprach aber zu ihnen: Was sind das für Dinge, die ihr miteinander verhandelt unterwegs? Da blieben sie traurig stehen.
18 Und der eine, mit Namen Kleopas, antwortete und sprach zu ihm: Bist du der Einzige unter den Fremden in Jerusalem, der nicht weiß, was in diesen Tagen dort geschehen ist?
19 Und er sprach zu ihnen: Was denn? Sie aber sprachen zu ihm: Das mit Jesus von Nazareth, der ein Prophet war, mächtig in Taten und Worten vor Gott und allem Volk;
20 wie ihn unsre Hohenpriester und Oberen zur Todesstrafe überantwortet und gekreuzigt haben.
21 Wir aber hofften, er sei es, der Israel erlösen werde. Und über das alles ist heute der dritte Tag, dass dies geschehen ist.
22 Auch haben uns erschreckt einige Frauen aus unserer Mitte, die sind früh bei dem Grab gewesen,
23 haben seinen Leib nicht gefunden, kommen und sagen, sie haben eine Erscheinung von Engeln gesehen, die sagen, er lebe.
24 Und einige von uns gingen hin zum Grab und fanden's so, wie die Frauen sagten; aber ihn sahen sie nicht.
25 Und er sprach zu ihnen: O ihr Toren, zu trägen Herzens, all dem zu glauben, was die Propheten geredet haben!
26 Musste nicht Christus dies erleiden und in seine Herrlichkeit eingehen?
27 Und er fing an bei Mose und allen Propheten und legte ihnen aus, was in der ganzen Schrift von ihm gesagt war.
28 Und sie kamen nahe an das Dorf, wo sie hingingen. Und er stellte sich, als wollte er weitergehen.
29 Und sie nötigten ihn und sprachen: Bleibe bei uns; denn es will Abend werden und der Tag hat sich geneigt. Und er ging hinein, bei ihnen zu bleiben.
30 Und es geschah, als er mit ihnen zu Tisch saß, nahm er das Brot, dankte, brach's und gab's ihnen.
31 Da wurden ihre Augen geöffnet und sie erkannten ihn. Und er verschwand vor ihnen.
32 Und sie sprachen untereinander: Brannte nicht unser Herz in uns, als er mit uns redete auf dem Wege und uns die Schrift öffnete?
33 Und sie standen auf zu derselben Stunde, kehrten zurück nach Jerusalem und fanden die Elf versammelt und die bei ihnen waren;
34 die sprachen: Der Herr ist wahrhaftig auferstanden und Simon erschienen.
35 Und sie erzählten ihnen, was auf dem Wege geschehen war und wie er von ihnen erkannt wurde, als er das Brot brach.

Auszug aus der Predigt über Lk 24,13-35 zum Ostermontag, dem 9.4.2007 vor der Emmauskirche in Heuersdorf

„Gnade sei mit Euch und Friede von Gott der da ist und der da war und der da kommt.
Ein lockeres „Frohe Ostern", liebe Gemeinde, will mir zur Begrüßung, ehrlich gesagt, noch nicht über die Lippen.
Das sieht hier, abgesehen vom guten Besuch, nämlich nicht sonderlich fröhlich aus, angesichts der Abriss- und Abraumbagger. Und: Letzter Gottesdienst – das klingt ja auch nicht gerade ermutigend.
Ihnen, den Heuersdorfern werden die Tränen nicht vor Freude in den Augen stehen, es bereitet schon Mühe genug, alle Bitterkeit herunterzuschlucken. Und bei den Verantwortlichen dieser Situation wird wohl Fröhlichkeit auch nicht auf der Hand liegen. Zu verletzungsreich und unglücklich waren die Bemühungen um Lösungen und Verständigung in den letzten 15 Jahren. Erst mal die Predigt abwarten. Pfarrer sind ja allemal auch noch unberechenbar.

Aber wir alle müssen handeln – denn hier ist kein gastlicher Ort mehr. Ja, ab heute Abend wird sogar eine Wache an dieser Kirche stehen, denn in diesen Zeiten ist sogar die Ehrfurcht vor einer über 800 Jahre alten Gottesstätte bei vielen Zeitgenossen ein unübersetzbares Fremdwort. Deshalb also besser zur Begrüßung: Gnade sei mit Euch!

Auch damals im Ursprungsjahr unseres christlichen Osterfestes hatte kaum einer einen fröhlichen Gruß auf den Lippen. Man war nämlich gerade Augenzeuge einer Hinrichtung geworden. Es gab eine Menge, die sich das Spektakel nur mal interessehalber ansehen wollten. Aber den Nahestehenden war eine Welt zusammengebrochen. Mit Jesus von Nazareth hatte man die Hoffnung vieler Menschen aufs Kreuz gelegt. All das, was er gesagt, getan und in Aussicht gestellt hatte, war gestorben. Seine Mahnung zur Umkehr blieb von vielen ungehört, seine Vermittlung zwischen Gott und den Menschen war gescheitert. Weil die Menschen nicht verstehen wollten. Alle Liebe umsonst? Das kann doch nicht sein!

Wir haben heute gehört, und es gehört zur kirchlichen Tradition, dass diese Geschichte stets am Ostermontag gelesen wird, wie es seinen Freunden, den Jüngern ergangen ist. Zwei von ihnen zitterten also am Tag danach wie benommen nach Hause. Von Jerusalem nach Emmaus. Das war's. Sie hatten Jesus einfach umgebracht.
Der Ort heißt heute Amwas und liegt etwa 29 km entfernt nordwestlich von Jerusalem. Nach ihm wurde unsere Kirche in Heuersdorf genannt.
Aber wer konnte bei ihrer Namensgebung ahnen, dass der Name Emmaus wie damals nahe Jerusalem auch bei uns einmal zum

Zahlreiche Gäste besuchten den letzten Gottesdienst vor der Emmaus-Kirche am Ostersonntag, 9. April 2007.

Begriff für den möglichen Umschlag von der Trostlosigkeit zur Hoffnung werden könnte.

Die Blickwinkel auf unseren letzten Gottesdienst in und an dieser Kirche in Heuersdorf und ihre in Aussicht genommene Versetzung nach Borna sind sehr verschieden.

Da sind sie, die Heuersdorfer, von denen einige mit allen Kräften über Jahre um den Erhalt ihres Ortes gerungen haben. Sie wollten natürlich, dass die Kirche (das heißt genauer beide Kirchen) im Dorf bleiben. Hier gehören sie ja auch hin. Angesichts des eigenen schweren Umzuges ist das große Spektakel um die Emmauskirche nicht ohne weiteres zu ertragen. Doch ihr Wunsch ist nicht das ihnen zustehende Entschädigungsgeschäft sondern die Erhaltung einer einmaligen Kirche und ihre weitere Nutzung als Gotteshaus.

Da sind sie, aus den vielen abgebaggerten Dörfern der Region, denen es einmal ebenso ging. Sie hatten seinerzeit weit geringere Möglichkeiten. Sie haben vielleicht ein bisschen Mühe mit der Solidarität.

Da sind sie, die Beobachter von außerhalb. Was soll das werden? Ist das nötig? Warum dieser Aufwand? Braucht man diese Kirche wirklich? Könnte man das viele Geld nicht sinnvoller verwenden? Ehe Sie diese Frage laut stellen, sollten Sie hören, dass für uns nicht ein einziger Euro an Steuermitteln zur Debatte steht. Es geht allein um die Entschädigung, die ein Wirtschaftsunternehmen zu leisten hat. Und ob diese in eine Leistung oder auf ein Konto fließt.

Und da sind die Handelnden. Die, die um die Energiekonzeptionen für die Zukunft ringen und längst keinen Konsens gefunden haben.

Da ist das Unternehmen, das natürlich wirtschaftlich agieren will und muss. Das aber auch einen Auftrag erfüllt und vielen Menschen Arbeit bietet. Das auf den Grundlagen der Gesetze unseres Landes und der zur Verfügung stehenden Möglichkeiten verantwortlich handeln will.

Da sind alle die, die in der schwierigen Situation vermitteln wollten. Mit ehrlichen und mit anderen Absichten. Die, die sich um Lösungen bemüht haben und irgendwann mit leeren Händen da standen. Weder der Erhalt des Dorfes noch ein wirklich gemeinsames Neuheuersdorf zum Vorzeigen, das alle Wunden vergessen machen könnte, ist entstanden.

Und da sind wir, die wir natürlich locker Beurteilungen abgeben und Forderungen aufstellen können. Politischer, ökologischer und sonst welcher Natur. Am besten geht das immer, wenn man sie nicht selber erfüllen muss. Hauptsache der Lebensstandard bricht nicht weg und die Energie kommt weiter wie gewohnt aus der Steckdose.

Eine Situation zum Kopfschütteln. Auch damals, unter den beiden Jüngern auf dem Weg von Jerusalem nach Emmaus. Sie fühlten sich traurig, bitter und unverstanden. Von Gott und der Welt verlassen. Sie klagten dem Fremden ausgiebig ihr Leid. Doch sie, die sie die lebendige Hoffnung mit Jesus kennengelernt hatten, erkannten weder ihn noch die Hoffnung, die er ihnen verkündete. Ihre Augen und Sinne waren gehalten. Sie waren zu fest darauf fixiert, dass nun alles was sie einmal erhofft hatten zerstört war. Also ist alles sinnlos, wenn die Situation nicht umkehrbar ist. Wer rechnet schon mit einer Auferstehung? Und dass diese dann auch noch etwas ganz anderes ist, als nur ein einfaches Rückgängigmachen und Weiterbestehen.

Wie konnte es geschehen, dass Emmaus nicht zum Begriff der Trostlosigkeit sondern zum Begriff der Hoffnung wurde?

In jenem Ort, am Abend angekommen, gab er sich ihnen zu erkennen. Nicht mit einem spektakulären Ereignis sondern in einer alltäglichen Handlung, die sie von ihm kannten. Lukas berichtet dabei nicht, was der Herr zu ihnen gesagt hatte.
Natürlich war auch damals das Geschehen nicht rückgängig zu machen. Die Bilder der Hinrichtung sind noch heute zu sehen an jedem Kreuz. Und die Beweggründe der Menschen haben sich auch nur wenig verändert.
Doch auf einmal wurden die Augen dieser Verzagten geöffnet, das Leben und die Zuversicht zog in sie ein. Es galt doch keinen Toten mehr zu beklagen sondern eine frohe Botschaft zu verkünden und die neue Situation zu gestalten. Der Herr lebt und er ist mit uns und braucht uns. Da standen sie auf zur selben Stunde und wurden zu Botschaftern des neuen Lebens.
Die Sehnsucht nach sinnvollem Leben und Lösungen, tragen wir alle in uns. Und wir sind verzweifelt, wenn sie uns aus der Hand geschlagen wird und sich nicht wieder einstellt. Wenn unser und anderer Bemühen nichts fruchtet. Wie kann es geschehen, dass aus Trostlosen Getröstete und zum Leben Mitreißende werden? ..."

Superintendent
Matthias Weismann

Auszug aus der Predigt zum Familiengottesdienst am 8.7.2007 in Borna: Wir freuen uns, dass die (Emmaus)Kirche kommt!

„... Herr, ich habe lieb die Stätte deines Hauses und den Ort, da deine Ehre wohnt. Weil das heute noch so ist, und z. B. die Heuersdorfer Kirchgemeinde es so empfindet, soll und kann die kleine Emmauskirche also erhalten bleiben. Nicht nur, weil wir mit dem nicht ganz alltäglichen Umzug der Kirche auch mal Aufsehen erregen und damit den Kreissitz sichern wollen. Wenn das dabei auch passiert, ist das ja nicht schlecht für unsere Region. Es geht aber nicht um die Sicherung und Umsetzung eines Denkmales. Vielleicht an einen See, vor eine Mauer oder an eine Autobahn. Es geht um eine Kirche! Eine Kirche, die nur dann ihren eigentlichen Sinn behält, wenn Menschen sie auch brauchen und gebrauchen können.

Zu was brauchen wir in unserer Gesellschaft die Kirche? Und zwar wirklich! Also nicht nur als Objekt der Denkmalpflege, der Erinnerung an eine vergangene Geschichte und Kultur, der Markierung als attraktive Stadt- oder Dorfmitte? Zu was brauchen wir die Kirche wirklich und wann schmerzt es, wenn sie fehlt oder versagt – so wie unsere lange Zeit geschlossene Stadtkirche, die nur noch Insidern und Hartnäckigen zugänglich war.

... Kirche, wie man sie sich wünschen kann, sollte offen und einladend sein.

... Kirche, wie wir sie uns wünschen, sollte Menschen aber auch einen Schutzraum bieten.

Während des Gemeindefestes bemalten Kinder, Eltern und begeisterte Gemeindemitglieder eine 6 x 6 m große Plane mit dem Bild der Emmauskirche. Diese wurde dann an einem Gerüst befestigt, das auf dem Martin-Luther-Platz an dem zukünftigen Standort des Gotteshauses stand.

... Wo man zusammen mit anderen beten, singen, lachen und weinen kann.

... Kirche, wie wir sie uns wünschen, sollte ein fröhlicher Ort der Begegnung zwischen Alten und Jungen sein. Wo man das Leben miteinander feiern kann.

... Kirche, wie wir sie uns wünschen, sollte sich für den Frieden, für Gerechtigkeit und die Bewahrung der Schöpfung einsetzen. Die kritische Anfrage z. B. wie wir mit unserem Energiehunger umgehen und die Tatsache, dass die Kohleverstromung mit all ihren Folgen nicht etwa mit einer Kirchenumsetzung nun unproblematisch wird.

... Wenn wir bereit sind, die Emmauskirche hier ganz neben die Stadtkirche zu nehmen, dann vor allem um eine solche Kirche hier noch besser zu gestalten und zu leben.
Das ist und bleibt ein bisschen ungewöhnlich und wird deshalb für viele Menschen interessant bleiben.
Hier, in der unmittelbaren Nähe beider Kirchen zueinander, können wir der Besonderheit unserer Region in Veranstaltungen und Ausstellungen gerecht werden.

Dieser Aufgabe will sich unsere Kirchgemeinde gern stellen. Da ist ja eine Menge Arbeit dabei. Finanziell kann unsere Bornaer Kirchgemeinde dafür aber nicht gerade stehen.
Wir haben die Verantwortung für unsere Stadtkirche. Dorthinein müssen alle unsere Spenden fließen. Und dann gehört uns auch noch die Kunigundenkirche.
Deshalb ganz deutlich: Die Emmauskirche ist ein vollständiges Geschenk an unsere Kirchgemeinde. Freilich mit einer erheblichen Verantwortung und einem Auftrag für uns.

Die komplette Umsetzung, einschließlich vollständiger Restaurierung übernimmt die MIBRAG als Entschädigung. Und sie wird darüber hinaus auch die bauliche Erhaltung sicherstellen. Die Kirche selbst wird uns geschenkt. Und das Grundstück wird aus landeskirchlichen Mitteln und aus Mitteln der Kirchgemeinde Heuersdorf bezahlt. Weil nicht nur wir Bornaer wollen, dass die Kirche hier ein neues sinnvolles Zuhause findet.

... Nicht nur ein Denkmal der Erinnerung, sondern ein Ort des Lebens und der Zukunft soll die kleine Emmauskirche neben der großen Marienkirche werden.
Das wollen wir heute deutlich machen mit einem großen Bild. Das Bild wird auf einer 6x6 Meter großen Plane heute an den zukünftigen Standort gehängt. Ihr habt das Gerüst schon gesehen. Das Bild ist noch nicht fertig. Aber in unseren Köpfen gibt es diese Kirche schon. Frau Weismann und Herr Stein haben das Bild schon gemalt.

... Aber es ist noch ganz ohne Farbe. Ohne Leben. Mit Leben kann diese Kirche nur die Gemeinde füllen. Deshalb suchen wir heute Nachmittag eine Gruppe Maler und Malerinnen, die diesem Bild, unserer Kirche, Farbe geben. Und wenn wir es heute Abend als Zeichen unserer Vorfreude aufhängen können, kann man nur noch singen: Danket dem Herrn! Also tun wir's schon mal EG 333. Amen."

*Superintendent
Matthias Weismann*

Heuersdorf und seine Geschichte(n)

Die Ortschaft Heuersdorf liegt südlich von Leipzig im fruchtbaren Pleißetal. Die Ersterwähnung der Emmauskirche ist gleichzeitig der Beginn der urkundlichen Geschichte des Ortes Heuersdorf. Als Ort selbst wird er erstmalig 1487 als Heynnersdorff erwähnt.

Heuersdorf war einst ein reiches Bauerndorf, von Auenbereichen umgeben, auf denen Obstbäume und ein alter Kopfweidenbestand wuchs. In der Umgebung Heuersdorfs wurden um 1900 zahlreiche Kohlegruben eröffnet. Die dazugehörigen Braunkohlenwerke und Brikettierungsanlagen entstanden in den Nachbarorten. 1933 hatten die Ortschaften Heuersdorf und Großhermsdorf zusammen 498 Einwohner. Zwei Jahre darauf folgte die Eingemeindung von Großhermsdorf.

1949 wurde südlich von Heuersdorf der Tagebau Schleenhain aufgeschlossen und obwohl im Ort auch ein paar Bergarbeiter lebten, war Heuersdorf weiterhin bäuerlich dominiert.

Aufgrund der unter der Dorflage befindlichen Braunkohle wurde die Abbaggerung des Ortes schon frühzeitig festgesetzt. Nach vorübergehender Abkehr ist heute die Devastierung von Heuersdorf beschlossene Sache. 1995 unterschrieb die MIBRAG zusammen mit der Sächsischen Staatsregierung den Heuersdorf-Vertrag, der die Grundlage für eine sozialverträgliche Umsiedlung bildet. Zehn Jahre kämpften die Heuersdorfer um den Erhalt ihrer Gemeinde.

Ein gemeinsamer Umsiedlungsstandort für die Einwohner von Heuersdorf kam nicht zustande. Über 80 Prozent der Heuersdorfer Familien sind bereits in ihr neues Zuhause, in verschiedene Orte im Leipziger Land, umgezogen. Im Mai 2006 begann der Abriss des Dorfes. Nach dem Hauptbetriebsplan der MIBRAG wird das Dorf spätestens ab Ende 2007 systematisch abgebaggert und bis Ende 2010 vollständig verschwunden sein.

*Dr. Hans-Jürgen Ketzer
Museumsleiter Volkskundemuseum
Neukirchen-Wyhra,
Kulturwissenschaftler*

Heuersdorf und seine Kirche in der Geschichte
Interview mit Dr. Hans-Jürgen Ketzer

Wie alt ist die Emmauskirche?
Laut älterer Nachschlagewerke wurde im Jahr 1297 erstmals eine Kirche auf Heuersdorfer Flur erwähnt. Der Beleg dafür fehlt jedoch. Im Jahr 1297 geschah allerdings etwas für das Schicksal des Nachbardorfes Breunsdorf ganz Entscheidendes. Friedrich von Schönburg schenkte den Ort dem Nonnenkloster Geringswalde. Da auch Heuersdorf später zu den Besitzungen dieses Klosters gehörte, kann angenommen werden, dass es zu dieser Zeit gleichfalls in seinen Besitz wechselte.
Dank bauhistorischer Untersuchungen gilt es inzwischen als sicher, dass die Kirche weit älter als 700 Jahre ist. Ihr hohes Alter lässt sich bereits an ihrer äußeren Gestalt ablesen. Ungeachtet all der späteren Umgestaltungen ist der älteste Baukörper deutlich erkennbar. Er zeigt die Stilmerkmale der Romanik. Sie bestimmte die Architektur der kirchlichen Bauten in den Städten und Klöstern Sachsens bis Mitte des 13. Jahrhunderts. Im dörflichen Kirchenbau war er jedoch auch danach noch lange verbreitet.
Die Emmauskirche zeigt im Äußeren wie im Inneren markante Spuren der romanischen Bauweise. Wer sich ihr nähert, sieht bereits die in beträchtlicher Höhe angeordneten Fenster. Tritt man ein, so fällt der romanische Triumphbogen auf, der den Altarraum abtrennt. Auf besondere Weise sind es freilich zwei Merkmale, die das hohe Alter der Heuersdorfer Kirche bezeugen: ihr Charakter als Wehrkirche und die Teufelskrallen an ihrer Südwestecke.

Was ist eine Wehrkirche?
Wehrkirchen waren Zufluchtsorte für die Dorfgemeinschaft im allgemeinsten Sinn. Von ihnen abgesehen gab es im Ort meist keinen anderen massiv aus Stein errichteten Bau. Nur hier fanden die Menschen Schutz vor allen Bedrohungen, denen sie ausgesetzt waren. Das konnten feindliche Heere sein oder marodierende Räuberbanden, aber auch Brände oder Naturkatastrophen.
In der Wehrkirche erhofften sich die Menschen damals in doppelter Weise Schutz, zum einen den Gottes, zum anderen jenen der festen Mauern. Die Wehrkirchen wiesen deshalb nur recht kleine Fenster auf, die darüber hinaus in großer Höhe angebracht waren. Dies lässt sich bei der Heuersdorfer Emmauskirche gut erkennen.

Was sind Teufelskrallen?
An der Südostecke der Emmauskirche sind in einigen Steinen, etwa in einem Meter Höhe, deutlich wahrnehmbare unregelmäßige Einschürfungen zu erkennen. Dabei handelt es sich zum einen um Rillen, zum anderen um kleine runde Vertiefungen. Es steht außer Frage, dass sich an dieser Stelle jemand an der Kirchenaußenwand zu schaffen gemacht hat. Solche Spuren gibt es an sehr vielen mittelalterlichen Kirchen. Da sich unsere Vorfahren ihren Ursprung nicht erklären konnten, hielten sie diese für Teufelswerk. Sie meinten, da der Böse nicht ins Kircheninnere gelangen könne, versuchte er aus Wut darüber das Gebäude von außen zu beschädigen. Nüchternere Geister nannten die länglichen Vertiefungen Schwertrillen. Bewaffnete, argumentierten sie, hätten ihre Schwerter, bevor sie das Gotteshaus betraten, an der Außenmauer abgestreift, um sie vom Makel ihres blutigen Dienstes zu reinigen. Von einem solchen Brauch ist jedoch nirgends die Rede. Zudem würde das nicht die Existenz der runden Vertiefungen, der so genannten Rundnäpfchen, erklären. Verschiedene Wissenschaftler, die sich mit diesem Phänomen befassten, gelangten zu einer Ansicht, die mit dem Glauben an die

Heilkraft des so genannten „Kirchstaubes" in Verbindung steht. Er herrschte in der Volksmedizin des Mittelalters. Verschiedene Krankheiten ließen sich, so meinte man seinerzeit, heilen oder lindern, wenn man etwas Abrieb von den heiligen Gebäuden einnahm. Es wäre also keineswegs verwunderlich, hätten sich Menschen, die an seine Heilkraft glaubten, zu nächtlicher Stunde heimlich mit etwas „Kirchenstaub" von ihrem Gotteshaus versorgt. Diese Erklärung mag ebenso vage klingen wie manch andere, doch hat sie eines für sich: Sie kann sich auf eine verbürgte Überlieferung stützen.

Was bedeutete es, dass die Heuersdorfer eine Filialkirche der Breunsdorfer war?
Die Heuersdorfer gehörten über Jahrhunderte hinweg zur Kirchgemeinde Breunsdorf. Der für Heuersdorf zuständige Pfarrer war in Breunsdorf zu Hause. Die meisten Gottesdienste und kirchlichen Handlungen fanden auch dort statt. In Breunsdorf stand die Mutter-, in Heuersdorf hingegen nur eine Tochterkirche. Vom lateinischen „filia", Tochter, abgeleitet, sprach man auch von einer Filialkirche. Im Bornaer Land waren solche Filialkirchen keineswegs selten. Sie entstanden, weil die Zahl oder die Zahlungskraft der Gläubigen vor Ort nicht ausreichte, um den Lebensunterhalt eines Pfarrers zu sichern.
Im 16. Jahrhundert soll noch jeden zweiten Sonntagnachmittag in Heuersdorf Gottesdienst gewesen sein. Aus der Zeit um 1840 berichtet der damalige Pfarrer Isaak Spengler: „Es wird aller drei Wochen am Sonntag Nachmittags dort gepredigt, ebenso Nachmittags an jedem zweiten Feiertage der hohen Feste (also zu Weihnachten, Ostern und Pfingsten); am Sonntag nach Ostern und nach Pfingsten aber Vormittags, desgleichen in der Advents- und Fastenzeit Vormittags

um 10 Uhr. Alle übrigen Amtshandlungen, als Aufgebote, Trauungen, Taufen, Begräbnisse, Beichte und Abendmahl, geschehen bei der Hauptkirche zu Breunsdorf."
In den Kirchenbüchern ist jede Ausnahme extra vermerkt. So heißt es Anno 1658: „Maria, eine Tochter Thomas und Anna Renckers zu Heyersdorf, den 15. Januarius. Dies Kind ward wegen grimmiger Kälte und tiefem Schnee in der Filialkirche zu Heyersdorf getauft."
Überliefert sind auch Bräuche, mit denen die Täuflinge, die Brautpaare und die Toten von Heuersdorf nach Breunsdorf geleitet wurden. So heißt es die Bestattungen betreffend, dass „vor langer Zeit die Leichen von Heyersdorf, nahe an Breunsdorf auf gewisse bestimmte Orte, die noch davon ihren Namen haben, gebracht worden sind." Dort wurden sie von den Schulkindern, die sie unter Gesang begleiteten, abgeholt.

Wann setzte sich in Heuersdorf die Reformation durch?
Dass die Heuersdorfer Emmauskirche eine evangelisch-lutherische ist, versteht sich fast von selbst, gilt doch Sachsen als Mutterland der Reformation. Dessen ungeachtet setzte sich diese in Heuersdorf besonders spät durch. Zu Beginn des 16. Jahrhunderts gehörte Heuersdorf weder zum Territorium des Kurfürstentums, noch des Herzogtums Sachsen. In den kurfürstlichen Gebieten, in deren Universitätsstadt Wittenberg Luther wirkte, kam es sehr früh zur Reformation. Stadt und Amt Borna gehörten dazu. Bereits seit 1519 wurde in Borna evangelisch gepredigt, 1526 fand hier die erste evangelische Visitation der Kirchengeschichte statt. Zu diesem Zeitpunkt gehörten Breunsdorf und Heuersdorf zum Besitz des Schönburgischen Hausklosters in Geringswalde. Des-

halb feierte man dort noch zu Beginn des Jahres 1542 die katholische Messe. Erst im Laufe der folgenden Monate traten auch die Schönburgischen Lande zur Lutherschen Lehre über. Das Geringswalder Kloster wurde aufgehoben. Von da ab übten die Landesherren selbst die Herrschaft über Heuersdorf, Breunsdorf und Wyhra aus. Um eine Neubesetzung der Pfarrstelle brauchten sie sich allerdings nicht sorgen. 1542 wurde der damals amtierende Pfarrer Lorenz Fink von Georg Spalatin und dem Altenburger Amtsschösser nach seiner theologischen Haltung befragt. Er bekannte sich ohne Zögern zur Lutherschen Lehre. Zudem heiratete er. So kam die Reformation rund zwei Jahrzehnte später als im Umland auch nach Heuersdorf. 1543 tauschten die Schönburger die weit von ihren Kerngebieten an der Mulde entfernten Enklaven Breunsdorf, Heuersdorf und Wyhra gegen ein günstiger gelegenes Territorium. Damit wurden die drei Orte zu einem Teil des kursächsischen Amtes Borna, das von da an auch die Pfarrstelle besetzte.

Besuchten die Heuersdorfer Kirche auch bedeutende Persönlichkeiten?
Die wohl bedeutendste Persönlichkeit, die ihren Fuß über die Schwelle der Heuersdorfer Kirche setzte war Alexander Clarus Heinze. Der griechische Oberstleutnant a.D. wurde im Mai 1849 zum militärischen Führer des Dresdner Aufstandes, in dem die revolutionären Entwicklungen von 1848 in Sachsen ihr Ende fanden. Am 8. September 1847 kaufte Heinze ein Heuersdorfer Bauerngut. Zumindest in den Sommermonaten hielt er sich mit seiner Familie im Ort auf und besuchte auch den hiesigen Gottesdienst.
Bis 1926 war in Gestalt von Philipp Mehlhose auch ein bedeutender Pfarrer in der Emmauskirche tätig. Bekannt wurde er vor allem

durch seine historischen Forschungen. Sie galten in erster Linie der Kirchengeschichte der Reformation in Sachsen. 1917 veröffentlichte er den ersten Band seiner „Beiträge zur Reformationsgeschichte der Ephorie Borna", 1935 folgte der zweite, der Ortsgeschichte gewidmete Band. Dieses Werk ist eine exemplarische Studie zur Herausbildung der protestantischen Kirchenorganisation und einer ersten flächendeckenden Elementarschulbildung.

1687 wurde Georg Moritz als Sohn des damals wohlhabendsten Heuersdorfer Bauern Andreas Moritz geboren. Den Bauernhof erbte einer seiner Brüder. Georg Moritz diente zunächst als „Defensioner", einer der Landesverteidigung gewidmeten Milizeinheit. Anschließend wurde er Wachtmeister bei der Königlichen Leibgarde. Nach Beendigung seiner militärischen Laufbahn wechselte er das Metier. In einer aus dem Jahr 1723 stammenden Akte wird er als „Aufseher bey dem Ober Land Bau Meister Pöppelmann in Dresden" bezeichnet. Pöppelmann war damals mit dem Bau des Dresdner Zwingers beschäftigt. Es mag also durchaus sein, dass ein daran maßgeblich Beteiligter aus Heuersdorf stammte und demzufolge auch die dortige Kirche besuchte.

Wie erhielt die Heuersdorfer Kirche ihre heutige Gestalt?
Als Filialkirche verwandte man über die Jahrhunderte hinweg nicht so große Sorgfalt auf eine bauliche Modernisierung. Für uns ist das ein Glücksfall. Auf diese Weise blieb vieles an alter baulicher Substanz erhalten. Der Dachreiter mit seiner barocken Schweifhaube deutet auf Umbauten hin, die nach dem 30-jährigen Krieg erfolgten. Damals wurden gerade um die Kirche herum alle Bauerngüter zerstört und in Brand gesetzt. Es kann angenommen werden, dass auch das Gotteshaus selbst nicht verschont blieb. Die aus dem 19. Jahrhundert überlieferten Bauakten belegen, dass es seit dieser Zeit systematische Bemühungen um die Restaurierung und Instandhaltung der Emmauskirche gab. 1828 wurden die beiden gesprungenen Glocken umgegossen, 1830 wurde eine neue Treppe für den Glockenturm gebaut, 1843 erfolgte eine Restaurierung des Innenraumes. 1850 erhielt die Kirche schließlich eine Orgel. Nach einer Ausbesserung des Daches im Jahr 1858 wurde es 1866 neu eingedeckt.

Was ist ein Kanzelaltar?
Die Heuersdorfer Kirche ist mit einem Kanzelaltar ausgestattet. In den antiken Religionen als Opfertisch aufgekommen, wurde der Altar in der christlichen Kirche zum Ort, an dem das Abendmahl vorbereitet wurde. Im Mittelalter erhielten Altäre zunehmend Aufsätze mit geschnitzten oder gemalten Bildern. Die Kanzel ist jener erhöhte Ort, von dem aus ein Pfarrer seine Predigt hält. Kanzelaltäre bieten in ihrem Aufsatz die Möglichkeit, von dort aus zu predigen. Ihr Aufkommen stand im Zusammenhang mit der besonderen Rolle der Verkündigung in der protestantischen Kirche. Das Wort und nicht das Bild steht im Mittelpunkt der evangelischen Theologie. Aus diesem Grund gibt es vor allem im mitteldeutschen Mutterland der Lutherschen Reformation solche Kanzelaltäre.

Wie sah der Weg der Heuersdorfer von ihrer Bindung an Breunsdorf hin zu engeren Verflechtungen mit Großhermsdorf aus?
Dank ihrer gemeinsamen Geschichte als Schönburger Lehen waren Heuersdorf und Breunsdorf eng miteinander verbunden. Bereits früh kam es freilich zu Streitigkeiten zwischen den Bewohnern beider Orte, so beispielsweise, wenn Bauarbeiten an der Breunsdorfer Kirche oder am dortigen Pfarrhaus von den Heuersdorfern mitgetragen werden sollten. Um 1800 verweigerten die Heuersdorfer Extrazahlungen an den Breunsdorfer Lehrer, die bislang beim Abholen von Brautpaaren an der Flurgrenze durch die Schulkinder fällig wurden. Viel deutet auch darauf hin, dass die Pfarrer der Instandhaltung der Kirche im Filialort nicht allzu große Sorgfalt angedeihen ließen. So war es nur folgerichtig, dass sich die Heuersdorfer mehr und mehr von Breunsdorf abwandten. In Gestalt des unmittelbar benachbarten Großhermsdorf stand zudem ein neuer Partner bereit.

Ein erster entscheidender Schritt wurde zwischen 1837 vollzogen. Am 3. November dieses Jahres erfolgte die Ausschulung der Heuersdorfer Kinder aus der Breunsdorfer Schule und ihre Einschulung in Großhermsdorf. Im Folgejahr schlossen sich die Heuersdorfer mit den Großhermsdorfern auch in Fragen der Brandbekämpfung zusammen. Vorher waren sie auch dabei mit Breunsdorf verknüpft, wo auch die Handspritze für beide Orte stationiert war. Im Brandfall hatte sie bislang von dort erst herbeigeschafft werden müssen. Seit 1850 gab es in Heuersdorf einen eigenständigen Friedhof. In diesem Jahr legte man auch für den Ort besondere Kirchenbücher an. Bis dahin wurden nicht nur alle Sterbefälle, sondern auch alle Taufen und Trauungen in den Breunsdorfer Büchern verzeichnet.

Während der Amtszeit von Pfarrer Philipp Mehlhose trennten sich die Heuersdorfer endgültig von der Breunsdorfer Kirchgemeinde. Sie bildeten eine eigene, die mit jener Großhermsdorfs ein Schwesterverhältnis einging. Damit fand nun auch endlich in der Emmauskirche an jedem Sonntag ein Gottesdienst statt. Lange konnten sich die Heuersdorfer an diesem Zustand allerdings nicht erfreuen. Nach Mehlhoses Emeritierung wurde seine Stelle nicht wieder vergeben und der Breunsdorfer Pfarrer versah fortan den Gottesdienst, der seitdem wöchentlich, am Sonntag, um 10 Uhr, alternierend in Heuersdorf und Großhermsdorf stattfand. Nachdem die beiden Orte Heuersdorf und Großhermsdorf mit Datum vom 1. April 1935 zu einer politischen Gemeinde vereinigt worden waren, schlossen sich exakt ein Jahr später auch die Kirchgemeinden zusammen.

Wann erhielt die Heuersdorfer Kirche ihren Namen?
In alten Akten ist immer nur von der Kirche in Heuersdorf die Rede. Den Namen „Emmauskirche" kannte man zu dieser Zeit offensichtlich noch nicht. Sicherlich war das Gotteshaus im Mittelalter auch einem Heiligen geweiht, doch geriet dies in Vergessenheit. Die Benennung nach dem Emmausgang erfolgte erst im 20. Jahrhundert. Damals kam es vielfach zur Einführung neuer Namen, meist nach dem Zusammenschluss früher selbstständiger Ortschaften zu einer Gemeinde.
Nach der Gemeindefusion wurden die beiden Kirchen zunächst nach ihren Standorten benannt.
Dies änderte sich erst 1959. Entsprechend eines Antrags, den der Heuersdorfer Kirchenvorstand am 13. Dezember 1958 eingereicht hatte, entschied das Landeskirchenamt: „Wir genehmigen, dass der Kirche im Ortsteil Heuersdorf A (früher Heuersdorf) der Name Emmauskirche, der Kirche im Ortsteil Heuersdorf B (früher Großhermsdorf) der Name Taborkirche beigelegt wird."

Was bedeutet der Name Emmauskirche?
Emmaus (gesprochen: Em-ma-us) ist ein Ort in Israel unweit Jerusalems. Sein Name taucht im Evangelium nach Lukas, Kapitel 24, Verse 13 ff., auf. Dort wird ein Geschehen am Ostertag nach der Kreuzigung und der Nachricht vom Verschwinden des Gekreuzigten aus dem Felsengrab geschildert. Zwei Jünger Jesu, heißt es da, wanderten von Jerusalem nach Emmaus. Sie waren erschüttert, tief deprimiert und voller Trauer über den Tod ihres Meisters. All ihre Hoffnungen sahen sie enttäuscht. Da gesellte sich ein Mann zu ihnen, der ihre Klagen, Sorgen und Nöte anhörte. Er tröstete sie und sprach ihnen Mut zu. Da luden sie ihn ein, mit ihnen zu Abend zu essen. Als der Gast an ihrem Tisch nach alter Sitte das Brot brach, Gott dankte und es ihnen reichte, erkannten sie mit einem Mal, wen sie da getroffen hatten. Es war der von den Toten auferstandene Jesus. Diese Geschichte besitzt einen Symbolgehalt, der über das biblische Geschehen hinaus weist und damit auch eine Botschaft für Nicht-Christen enthält. Der Begriff „Emmausgang" bezieht sich auf das Überwinden von Hoffnungs- und Perspektivlosigkeit angesichts drückender, belastender Umstände.
So wie die beiden Jünger Jesus nicht erkannten, so sind den Menschen in einem solchen Zustand die Augen vor allem verschlossen, was ihnen ihren Mut und ihre Zuversicht zurückgibt. Erst wenn man sich öffnet für die Welt und die in ihnen vorhandenen Hoffnung verheißenden Zeichen erkennt, kann man wieder eine aktive Einstellung zur Wirklichkeit gewinnen.

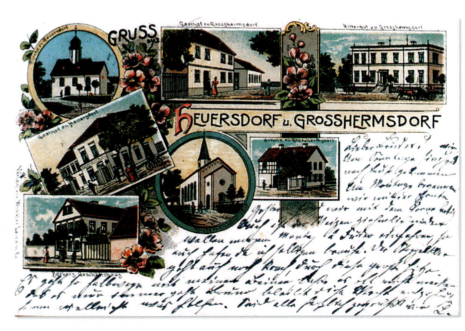

Eine Orgel kommt nach Hause

Thomas Bergner
Ortschronist der Stadt Borna

Zu fast jeder Kirche gehört eine Orgel. Sie dient als Begleitinstrument für den Gesang zum Gottesdienst. Aber was wären die vielen Konzerte außerhalb des kirchlichen Lebens ohne eine Orgel? Nicht vorstellbar. Schon seit dem späten Mittelalter und der Einführung der Reformation sind Orgeln fast in jeder Kirche unserer Region nachweisbar. Dabei handelte es sich meist um ein einfaches Positiv. In Heuersdorf könnte zu dieser Zeit ein ähnliches Positiv vorhanden gewesen sein. Leider gibt es aus der Heuersdorfer Orgelgeschichte fast nichts zu berichten, da Unterlagen zur Orgel gänzlich fehlen.

Die heutige Orgel stammt aus dem Jahre 1850 und wurde von dem bekannten Orgelbaumeister Urban Kreutzbach erbaut. Wenn nun die Emmauskirche nach Borna umzieht, dann kommt die Orgel an ihren Erbauungsort zurück. Denn nur wenige Meter vom neuen Standort der Emmauskirche entfernt, befand sich die Orgelwerkstatt von Urban Kreutzbach. Geboren wurde Kreutzbach am 28. August 1796 in der dänischen Hauptstadt Kopenhagen als Sohn einer deutschstämmigen Minderheit. Nach einer Lehre als Tischler und Zinngießer und seinen Wanderjahren kam er 1822 nach Pegau, wo er den Orgelbaumeister Carl Gottlob Häcker kennenlernte. Mit ihm kam Urban Kreutzbach nach Borna. 1827 erhielt er das Bornaer Bürgerrecht und heiratete die Schuhmachertochter Wilhelmine Geißler. In der ehemaligen Werkstatt seines Schwiegervaters neben der Superintendentur am Kirchplatz richtete er seine erste Orgelwerkstatt ein. Es entstehen erste kleinere Orgelwerke für die Kirchen in Dittmannsdorf (opus 1), Wiederau bei Pegau, Witznitz, Stockheim und Mochau. Die letztgenannte Orgel befindet sich heute in der Stadtkirche St. Marien in Borna. Hier in dieser Werkstatt entstand auch die Orgel für die Emmauskirche in Heuersdorf. Es handelt sich dabei um eine Orgel mit einem Manual und einem Pedal. Laut der folgenden Orgeldisposition hat die Orgel neun Stimmen:

Manual:		Pedal:	
1. Doppelflöte	8'	8. Subbass	16'
2. Viola di Gamba	8'	9. Cello	8'
3. Flauto	8'		
4. Prinzipal	4'		
5. Gedackt	4'	Nebenzüge:	
6. Octave	2'	Pedalkoppel.	
7. Cornett	4fach.		

Eine Klingel zum Calcant befand sich laut dem sächsischen Orgelforscher Fritz Oehme außerhalb des Klavierschrankes, unten. Die Orgel besteht aus 492 Pfeifen, wobei 39 Prospektpfeifen auf 5 Felder aufgeteilt sind. Für die Luftzufuhr sind zwei Kastenbälge vorhanden. Die Baukosten beliefen sich auf circa 4000 Thaler. Das Orgelgehäuse ist im Rundbogenstil hergestellt.

„Kreutzbachs Orgeln haben mit geringen Abweichungen das gleiche einfache und funktionssichere technische Konzept wie die Silbermannorgeln. Jedoch sind sie in der Ausführung etwas robuster, aber ebenso solide und mit ausgesuchtem Material gebaut." (Gerd Rothe). Aus diesem Grund nannte man ihn auch den „Silbermann des 19. Jahrhunderts".

Diese akkurate und einfache Arbeitsweise galt auch später für seinen Sohn Richard Kreutzbach, der nach dem Tode des Vaters 1868 die Orgelbaufirma übernahm. Laut einem Vermerk am Subbass war es auch Richard Kreutzbach, der im Jahre 1873 eine Renovierung und Säuberung an der Orgel vornahm. Ob er stimmlich etwas an der Orgel änderte ist leider nicht nachweisbar. 1917, mitten im Weltkrieg, wurden wie fast überall in Deutschland die Prospektpfeifen entfernt und später durch minderwertige Zinkpfeifen ersetzt.

Bevor nun die Emmauskirche nach Borna umgesetzt wird, wurde die Kreutzbach-Orgel von den Orgelbaumeistern Johannes Lindner und Thomas Bartsch aus Radebeul ausgebaut. Dabei musste festgestellt werden, dass die Orgel „abgespielt, verbraucht und verschmutzt" ist. Dazu war das Instrument stockig und vor allem der Kohlenstaub tat sein übriges.

Das gesamte Gehäuse des Orgelwerkes war mit dem Holzschutzmittel Hylotox behandelt und musste deshalb von der Firma Bautenschutz Dresden dekontaminiert werden. Bei den weiteren Arbeiten wurde festgestellt, dass die Traktur völlig verschlissen ist. Desweiteren werden die Klaviatur überarbeitet, die Bälge gereinigt, ein Großteil der Holzpfeifen erneuert und es erfolgt eine Restaurierung der Windladen.

Die neuen Prospektpfeifen aus Zinn werden nach Abschluss der Restaurationsarbeiten das Orgelwerk schmücken.

Thomas Bergner

Zur Geschichte und Bedeutung der Heuersdorfer Kirche

Blick in das Dachwerk von 1520 über dem Schiff; zu erkennen sind die Abbundzeichen (Kerben)

Im 1891 erschienenen Band „Amtshauptmannschaft Borna" der Reihe „Beschreibende Darstellung der älteren Bau- und Kunstdenkmäler des Königreichs Sachsen" stellte Richard Steche auch die Heuersdorfer Kirche dar: „Romanische Anlage; restaurirt 1866. Einschiffig mit zurückspringendem, gerade geschlossenen Chore. Von der ursprünglichen Anlage ist nur der Triumphbogen erhalten, dessen Kämpfer aus Schräge und Platte gebildet sind; im Uebrigen architekturlos."
Heute können wir die Dorfkirche und ihre Bedeutung umfassender bewerten. Sie ist das älteste und geschichtsträchtigste Bauwerk von Heuersdorf und ein wichtiges Kulturdenkmal. Das Gotteshaus wurde im mittleren 13. Jahrhundert errichtet und stammt damit aus der Zeit der Besiedlung und des Landesausbaus, aus der Entstehungszeit des Dorfes. Im 12. und 13. Jahrhundert entstanden im Gebiet des heutigen Sachsen viele hundert Kirchen. Mit ihrem an das Langhaus anschließenden rechteckigen Chor, der einen geraden Abschluss besitzt, gehört die Heuersdorfer Kirche zu einem Typus von steinernen Dorfkirchen, der um die Mitte des 13. Jahrhunderts und in den folgenden Jahrzehnten häufig errichtet wurde. Sie ist heute ein anschauliches Zeugnis dieser spätromanischen/frühgotischen Grundgestalt.
Die Kirchen wurden im Laufe der Jahrhunderte meist gravierend umgebaut. In vielen Dorfkirchen sind die erhaltenen Reste romanischer Anlagen kaum erkennbar oder nur noch archäologisch nachweisbar. Die Heuersdorfer Kirche jedoch ist in ihrer ursprünglichen Form weitgehend erhalten. Die Kirche zeugt damit – vielleicht anschaulicher als die wenigen Schriftquellen der Zeit – nicht nur vom damaligen Kirchenbau, sondern auch von Siedlungstätigkeit, Herrschaftsbildung und Kirchenorganisation in der Region. Angesichts des Verlustes einer Reihe von Dorfkirchen romanischen Ursprungs im Leipziger Südraum durch den Braunkohleabbau kommt ihr eine besondere Bedeutung zu.
Der Denkmalwert der Kirche beruht auch auf den ablesbaren, baulichen Veränderungen, die von wechselnden liturgischen Anforderungen und ästhetischen Vorstellungen späterer Jahrhunderte zeugen. Die Baugeschichte lässt sich aufgrund der Vielzahl vorhandener Zeitschichten nachvollziehen; oftmals sind es nur winzige Befunde, die von Umgestaltungen berichten. Aus diesem Grund hat das Landesamt für Denkmalpflege Sachsen auf ein äußerst behutsames Vorgehen bei den Sicherungsmaßnahmen sowie den Instandsetzungs- und Restaurierungsarbeiten gedrungen.
Die vom Landesamt für Denkmalpflege Sachsen begleiteten und von der MIBRAG mbH beauftragten bauhistorischen und restauratorischen Untersuchungen (dendrochronologische Untersuchungen: Büro für Bauforschung Scherf, Bolze, Ludwig; restauratorische Untersuchungen: Thomas Schmidt) haben aufschlussreiche Erkenntnisse erbracht, die aufgrund ausstehender weiterführender Forschungen als vorläufig zu werten sind.
Für die sich noch in situ befindlichen Eichenhölzer des Kehlbalkendaches über dem Chor konnten dendrochronologisch Fälljahre aus der Zeit um 1250 ermittelt werden, wobei der letzte ermittelte Zeitpunkt 1257/58 ist. Das Dach über dem Kirchenschiff, ein ebenfalls aus Eichenholz errichtetes Kehlbalkendach mit liegendem Stuhl, ist dendrochronologisch in das Jahr 1520 zu datieren. Bereits in dieses

Dach war ein Dachreiter integriert. Etliche Hölzer aus der Bauphase des mittleren 13. Jahrhunderts (früheste Datierung: 1248/49) befinden sich hier in Zweitverwendung.

Die bisherigen Untersuchungen ergaben keine Baunähte im Mauerwerk; die Kirche wurde in einem Stück, jedoch möglicherweise über einen längeren Zeitraum hinweg errichtet. So muss 1258 als Jahr der Fertigstellung des Kirchenbaus angenommen werden. Damals entstand der Bau aus Bruchsteinmauerwerk mit Eckquaderung, wie er sich im Wesentlichen noch heute zeigt. Charakteristische Merkmale sind neben der Grundform der (später erweiterte) Triumphbogen im Innern sowie das rundbogige Fenster auf der Ostseite. Von den Öffnungen (auf der Südseite) ist nur noch das Fragment eines Gewändesteins mit Resten roter Farbe erhalten. Im Innern sind große Flächen des ursprünglichen Wandputzes bewahrt, ein geglätteter Kalkputz mit einem hellen Anstrich. Der aus Natursteinquadern aufgebaute Triumphbogen zeigte einen fast ins Orange gehenden, ockerfarbigen Anstrich, auf den regelmäßige weiße Fugen gemalt waren.

Das Dach über dem Schiff von 1520 markiert wahrscheinlich die spätgotische Umbauphase. Die ursprünglichen Öffnungen wurden überformt. Das Schiff erhielt auf der Südseite zwei spitzbogige Fenster an der Stelle der jetzigen, der Chor ein mittig gelegenes auf der Südseite. Die Putzfaschen um die Fenster wurden durch rote Linien begrenzt. Ein auf die Putzfaschen gemaltes Fugenbild sollte einen regelmäßigen Aufbau aus Naturstein imitieren. Die Kirche besaß damals außen einen Kellenzugputz, der auf den Steinköpfen auslief; Putz und Steinköpfe wurden durch einen Anstrich in gebrochenem Weiß zu einer einheitlichen Oberfläche zusammengefügt.

Zur Zeit des Barocks erfolgten die letzten größeren Veränderungen am Äußeren der Kirche. Es entstanden die geschweifte Haube des Dachreiters, im Mauerwerk auf der Südseite die Türöffnung sowie die Fensteröffnungen in den heutigen Formen. Die Spitzbögen über den Fenstern wichen korbbogenförmigen Abschlüssen. Im Chor mussten aufgrund des Emporeneinbaus das ursprüngliche Westfenster teilweise vermauert sowie das Südfenster nach Westen verschoben werden. Bereits in der Renaissance wurde im Schiff eine später barock veränderte Empore eingebaut, wie ein 1593 datierter Balken in Sekundärverwendung belegt. Die Kirche erhielt einen zweilagigen Putz, der in einem Ockerton gestrichen war. Innen zeigte sich eine weiße Wandoberfläche, um die Öffnungen waren vegetabile Motive in Rottönen gemalt. Im ausgehenden 18. Jahrhundert wurde der Westgiebel neu aufgemauert. Weitere Veränderungen im Innern folgten im 19. Jahrhundert, zu denen der Einbau des Kanzelaltars sowie der Decke über dem Schiff zählen. Der Bornaer Orgelbaumeister Urban Kreutzbach stellte 1850 die Orgel her, die noch ungewöhnlich vollständig erhalten ist. Die Glocken ließ die Gemeinde 1828 in Apolda gießen.

„Gott segne und erhalte Heyersdorf" lautet die Inschrift auf einer der Glocken. Heuersdorf wird zerstört werden, die Kirche wird jedoch – am neuen Standort allerdings mit eingeschränkter Authentizität – weiterhin vom Dorf, seiner Gemeinschaft und der 750-jährigen Geschichte zeugen.

Dr. Thomas Brockow
Landesamt f. Denkmalpflege Sachsen

Ursprüngliches Fenster im Chor, im oberen Bereich mit dem Einbau der barocken Emporen vermauert

Befund einer die barocken Fenster umrahmenden, ornamentalen Malerei

Thomas Krieger
Pfarrer von Heuersdorf

„Die Kirche soll ein Ort der Mahnung und der Hoffnung, sowie der Schöpfung Gottes sein."

Letzte Hochzeit in der Emmauskirche am 22.4.2006 – Rico Lindner und Ute Hübner

Eine ehemalige Heuersdorferin begleitet ihre Kirche

Helga Kuhfuß zeigt mir stolz ihren Ausweis. Geburtsort: Heuersdorf. Dann erzählt sie mir eine bewegende Lebensgeschichte.

Wir trafen Helga Kuhfuß zum ersten Mal an dem Tag, als die Emmauskirche in der Abtsdorfer Straße in Borna Rast machte. Aufgeregt und zugleich auch etwas ängstlich beobachtete sie, wie an der Kirche gewerkelt wurde und fragte: „Ist alles in Ordnung?" Wir konnten sie beruhigen, denn es waren routinemäßige Untersuchungen, die an jedem Etappenziel vorgenommen wurden.

Sie beginnt von Heuersdorf zu erzählen: eine Geschichte, die eng mit den beiden Kirchen verbunden ist.

Das Dorf bestand früher aus zwei Ortsteilen. In Heuersdorf stand die Emmauskirche und in Großhermsdorf die Taborkirche. So hieß es im Volksmund heute ist Gottesdienst „drüben in der Kirche" oder „in Heuersdorf drüben" sowie „heut ist bei uns Kirche".

Aus ihrem Elternhaus heraus, einem Drei-Seiten-Hof, konnte die Familie auf die Taborkirche blicken, in der Helga Kuhfuß getauft wurde.

Nach der Christenlehre, die ein Katechet aus Hohendorf hielt, kam der Konfirmandenunterricht bei Pfarrer Arendt, den jeder im Dorf kannte. Kurz bevor die Emmauskirche nach Borna transportiert wurde, verstarb er. So als wenn er noch abgewartet hätte, was mit „seiner" guten alten Kirche geschieht.

Ihre Eheschließung hatte Helga Kuhfuß in der Emmauskirche am 12. Mai 1979. Die Trauung nahm selbstverständlich Pfarrer Arendt vor.

Die Kirchen gehörten einfach zum dörflichen Leben dazu. 12:00 Uhr mittags läuteten die Glocken der Taborkirche und 18:00 Uhr, zum Feierabend, die der Emmauskirche. Der Pfarrer wurde zu jedem Fest mit eingeladen. Ein dörfliches Idyll.

Sie sieht auf einem Foto den Teich des Dorfes, eingebettet in die schöne Natur, und schwelgt in den Erinnerungen ihrer Kindheit. Wie schön es dort war, am Wasser zu spielen. Es wurden Meerlinsen vom See geschöpft und an die Enten verfüttert, versucht zu angeln und Flöße gebaut. Die Pferde und Kühe, die auf den Wiesen standen, kann man bei ihren Erzählungen förmlich vor sich sehen. Natürlich wurden auch mal Äpfel geklaut!

Bei ihren weiteren Erzählungen kann Frau Kuhfuß sich den Tränen nicht mehr erwehren. Sie berichtet von ihren Geschwistern, vor allem von ihrer Schwester, Frau Keller, die als Küsterin in beiden Kirchen tätig war und ihren Eltern, die 1970 und 1999 verstorben sind.

Schon zu DDR-Zeiten war im Gespräch, dass das Dorf der Kohle weichen muss, es durften damals keine neuen Häuser im Ort gebaut werden. Nach der politischen Wende hoffte man, dass in der neuen Zeit die Braunkohle nicht mehr so als Energielieferant gebraucht werden würde. Man sanierte die alten Häuser und hoffte. Doch dann begann ein Kampf, das Dorf zu erhalten.

Frau Kuhfuß wollte bei der kleinen Kirche sein, als sie umzog. Das tat sie auch. Sie berichtet: „Ich war Tag und Nacht mit der Kirche unterwegs."
Natürlich auch, als sie in Borna einfuhr und auf dem Lutherplatz ihren neuen Standort einnahm.

Es wird das letzte reale Stück Heimat sein, das nicht nur sie in Zukunft sehen und anfassen kann.

Schlimme Tage und Stunden stehen ihr und allen anderen Heuersdorfern noch bevor. Der Totensonntag – der letzte in Heuersdorf auf dem Friedhof. Die Eltern müssen umgebettet werden. Sie sollen ihre wirklich allerletzte Ruhestätte auf dem Ramsdorfer Friedhof erhalten.
Vor dem diesjährigen Weihnachtsfest graut ihr auch, denn auch dies ist das letzte, an dem das Dorf noch steht.

„Ich bedanke mich bei den Heuersdorfern, der Heuersdorfer Kirchgemeinde mit ihrem Vorstand und im speziellen Pfarrer Krieger, dass die Emmauskirche ein geweihtes Gotteshaus bleibt."

Manuela Krause

Die Vorbereitungen zur Umsetzung laufen

Anfang des Jahres 2007 wurden die Weichen für den Umzug der Emmauskirche gestellt. Der Tagebau Schleenhain befand sich jetzt nur noch wenige hundert Meter von dem Gotteshaus entfernt. Ein zügiges Handeln war erforderlich.

„Die MIBRAG steht zu ihrem Wort und wird die Umsetzung der Emmaus-Kirche unterstützen. Wir prüfen jetzt gemeinsam die baulichen und technischen Voraussetzungen" so Heiner Krieg, Kaufmännischer Geschäftsführer der MIBRAG im Januar 2007.

Allerdings wurde allen Beteiligten schnell klar, auf was für eine heikle Mission man sich eingelassen hatte. Viele Fragen standen im Raum und es gab kaum belastbare Antworten: Wie stabil ist das Mauerwerk, mit Feldsteinen im 13. Jahrhundert errichtet? Wie transportiert man ein derart instabiles Gebäude? Mit Kränen, Luftschiffen, Sattelschleppern? Darf man denn eine Kirche im geweihten Zustand transportieren?

Für das Umsetzen einer über 700 Jahre alten Kirche gab es kein Handbuch und keinen Präzedenzfall. Somit waren Mut und Erfahrungen gefragt.

Mit Rolf Seifert, dem Chef des gleichnamigen Leipziger Ingenieurbüros, wurde ein Experte gefunden, auf den diese Eigenschaften zutreffen. In ersten Machbarkeitsanalysen zeigte er auf, dass das Umsetzungsprojekt gelingen kann.

In der ersten Jahreshälfte 2007 wurde ein Konzept zur Stabilisierung eines Gebäudes aus Feldsteinen und für dessen Transport entwickelt. Verschiedene Untersuchungen zum Mauerwerk und den konstruktiven Holzbauteilen ergänzten es.

Gleichzeitig wurde mit der Firma Mammoet ein erfahrenes, weltweit operierendes, Unternehmen mit dem Transport beauftragt. Zum zweiten Mal eine glückliche Hand bei wichtigen Entscheidungen.

Die Archäologischen Untersuchungen.

Sowohl im Umfeld der Heuersdorfer Emmauskirche als auch am neuen Standort in Borna führte das Landesamt für Archäologie Grabungen durch.

In Heuersdorf entdeckte man in der Nähe der Kirche einen frühneuzeitlichen Gebäudegrundriss (ca. 1600 n. Chr.) und einen spätmittelalterlichen Kastenbrunnen (1000 bis 1500 n. Chr.). Lediglich drei spätmittelalterliche Gräber, ohne Beigaben und daher nicht genau zu datieren, deuten darauf hin, dass die Bestattungen nicht dort, sondern in Breunsdorf vorgenommen wurden.

Ergiebiger waren die Untersuchungen in Borna. Für das neue Betonfundament musste die Fläche bis auf den gewachsenen Boden abgetragen werden. Im Boden fanden sich die Fundamentmauern der ehemaligen Lateinschule, die 1522 erbaut und nach einem Brand 1990 abgerissen worden war. Zwischen den Schulmauern planierte man beim Abriss den Schutt und Alltagsgegenstände der letzten 150 Jahre: zwischen Backsteinen, Kohlebriketts und Ofenkacheln lagen Tassen, Tonpfeifen und Porzellanpüppchen.

Darunter ließ sich Schicht für Schicht die Geschichte des Platzes zwischen Stadtkirche und Stadtmauer ablesen.

Nach dem Absenken der Emmauskirche steht an diesem Ort nun das Älteste zuoberst.

Funde in Borna:
kleines Gefäß aus neuzeitlicher Schicht 18.-19. Jh.
Ofenkachelrest aus neuzeitlicher Schicht 17.-18. Jh.

Patricia de Vries
Referentin des Landesamtes für
Archäologie Sachsen

Die Untersuchung und Stabilisierung des Bauwerks.

Zur Bauwerksdiagnostik wurden tiefe Bohrungen in das Mauerwerk eingebracht, um das entnommene Bohrmehl auf Salz- und Feuchtegehalt zu prüfen.

Für die räumliche Zustandsanalyse wurden Georadaruntersuchungen vorgenommen. Die Auswertung ergab einen sehr hohen Hohlraumgehalt von 15 bis 30 Prozent. Eine Bohrkernentnahme und die Befahrung der Bohrlöcher mit einer Miniaturkamera bestätigten den teilweise maroden Zustand des Mauerwerks. Ebenso waren die Giebel kaum noch mit den Seitenwänden verbunden.

Man entschied sich für ein spezielles Injektionsverfahren zur statischen Ertüchtigung des Mauerwerks, das von der Bauhaus-Universität Weimar zur Sanierung historischer Bauwerke entwickelt wurde. Bei dieser Methode werden Risse und Hohlräume durch einen Injektionsschaummörtel auf Basis von mineralischen Bindemitteln ausgefüllt.

Zur Bauwerksstabilisierung mussten auf einem Raster mit 40 Zentimetern Seitenlänge rund 1800 Bohrungen in die Außenwand der Kirche eingebracht werden, über die mit Schläuchen etwa 30 Kubikmeter Schaummörtel eingepresst wurden.

Durch die Firma Burmeister wurden im Fundamentbereich umlaufend Bohrungen gesetzt, durch die die Stahlträger eingeführt werden konnten. Mit einer Tieflochsäge wurde das Kirchenfundament abgetrennt. In die Ecken des Gebäudes setzte man Mauerwerksanker.

Die Dachziegel wurden entfernt und durch Dachpappe ersetzt, sowie die Kirchenglocke gesichert. Das Interieur sowie die Orgel baute man aus und sanierte sie in Spezialwerkstätten.

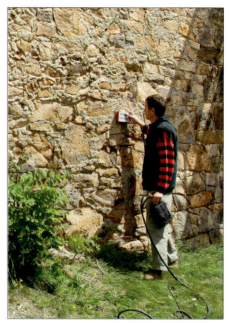

Regina Meßinger
MIBRAG, Projektleiterin

„Die Ergebnisse der Untersuchung des Mauerwerks haben unsere schlimmsten Befürchtungen noch übertroffen. Deshalb mussten wir mehr Kraft und Zeit als vorgesehen in die Stabilisierung des Gebäudes investieren. Um den Zeitplan einhalten zu können, werden wir in der letzten Phase vor dem Umzug auch nachts in Heuersdorf arbeiten müssen."

Der Stahlbau.

Neben der Stabilisierung des Mauerwerks von innen heraus durch die Injektion mit Schaum-Mörtel, lag der zweite Schwerpunkt auf umfangreichen Stahlbauleistungen. Diese umfassten hauptsächlich drei Bereiche.

Zum ersten wurden unter die Kirche ein Stahlgitterrost, in Querrichtung wirkend, eingezogen, sozusagen als ein neues „Fundament" aus Stahl. Dazu wurden im Abstand von 70 cm kreisrunde Bohrungen durch die Firma Burmeister gesetzt und durch diese die Stahlträger „eingefädelt". An die äußeren Enden der Träger wurden für das Anheben und Absenken weitere kurze Träger mit Schraubverbindungen angeflanscht, die als Auflagepunkte für die Kletterpressen der Transportfirma Mammoet dienten. Während des Transports wurden diese Träger zur Minimierung der Transportbreite abgenommen. Zweitens brachte man im Inneren der Kirche Stabilisierungsträger in Längsrichtung ein.

Der dritte Stahlbaukomplex diente der äußeren Umspannung des Gebäudes. Fünf sogenannte „Spanngurte" aus Stahlträgern wurden um das Gebäude herum so angebracht, dass damit dem Mauerwerk eine Vorspannung gegeben werden konnte, um der Verwindung des Bauwerkes beim Anheben, Fahren und Absenken entgegen zu wirken. Während des Transports wurden diese Stahlgurte regelmäßig nachgespannt. Zwei senkrechte Träger an den Stirnseiten sicherten die Giebelwände, die kaum noch eine bauwerkseitige Verbindung zum Gebäude hatten.

Der Stahlbau wurde von Unternehmen aus dem Leipziger Land unter Leitung der Firma Schröter realisiert. Problematisch war die kurzfristige Beschaffung der 130 Tonnen Stahl, die von LOTTER Metall zum Teil aus Belgien geholt werden mussten.

Werner Geißler
Abteilungsleiter Stahl
Prokurist
LOTTER Metall GmbH + Co. KG

„Der Umzug der Emmauskirche von Heuersdorf nach Borna war eine technisch perfekte Leistung aller beteiligten Firmen. Wir zollen Bewunderung und Anerkennung für dieses große Werk und für den Mut der beteiligten Unternehmen, die sich dieser Herausforderung gestellt haben.

Als mittelständisches, regionales Fachgroßhandelshaus Lotter Metall, sind wir stolz, dass wir über 130 t Stahl für diese Umsetzung liefern durften.
Insbesondere Träger, Brennteile und Betonstahl kamen bei diesem Projekt zum Einsatz.
Unseren gewerblichen Kunden danken wir für das entgegengebrachte Vertrauen, wodurch wir einen kleinen Beitrag für diesen eindrucksvollen Kirchenumzug beisteuern konnten.

Diese spektakuläre Aktion hat nicht nur vielen Firmen Aufträge gebracht, sondern auch unsere Region in Europa bekannter gemacht – darüber freuen wir uns besonders."

Helmut Möller
Geschäftsführer der
Regiser Anlagenmontagen GmbH

„Der Stahlbau für das Traggerüst und die Bandagen zum Transport der Kirche wurden von den Fachleuten der Regiser Anlagenmontagen GmbH und Technische Dienste Espenhain gefertigt. Ein Stück für diese technische Meisterleistung beigetragen zu haben, ist für unsere Mitarbeiter eine Bestätigung ihres handwerklichen Könnens."

Rolf Seifert
Leitender Ingenieur

Harald Baumgarten
Leitender Prüfingenieur

Wenn Gebäude Geschichten erzählen könnten – dann kämen diese beide Herren öfter darin vor: Rolf Seifert und Harald Baumgarten arbeiteten seit den 70er Jahren auf vielen sächsischen Baustellen zusammen. So hinterließen sie ihre Spuren am Leipziger Uni-Riesen, am Gewandhaus Leipzig, den Schlössern in Delitzsch, Wiederau, Trebsen und Hubertusburg.
Als eines der letzten Projekte rückten sie dem „Schiefen Turm" der Bornaer Kirche St. Marien zu Leibe.
„Geht nicht – gibts nicht" war immer ihre Devise. Mittlerweile ist daraus eine echte Männerfreundschaft entstanden und somit war es keine Frage, dass sie auch gemeinsam den Jahrhundert-Transport der Heuersdorfer Emmauskirche anpackten und bewältigten.

Die Vorbereitungen der Transportstrecke.

Bei der Konzipierung der Transportstrecke mussten eine Reihe von Problemen gelöst werden.

Die kürzeste Strecke über die direkte Verbindungsstraße Deutzen-Borna konnte nicht genommen werden, da die Eisenbahnbrücke am Ortseingang Borna nicht unterquert oder umfahren werden konnte. Somit musste die deutlich längere Strecke über Neukieritzsch gewählt werden.

Aber auf dieser Route lagen zwei Bahnübergänge und vier Brückenbauwerke. Die beiden Bahnübergänge konnten nur in einem engen Zeitfenster in der Nacht überquert werden. Wäre das nicht geschafft worden, hätte der Transport über Monate verschoben werden müssen, da die Bahn keine weiteren Überquerungen im Jahr 2007 genehmigt hätte.

Besonders am Bahnübergang Neukieritzsch mussten darüber hinaus umfangreiche Erdmassen und Träger in kürzester Zeit bewegt werden, da ein erheblicher Niveauunterschied zur B176 von über einem Meter auszugleichen war.

Weiterhin waren drei Hochspannungsleitungen 110 kV zu passieren. Davon wurden zwei Stück abgelegt und eine Hochspannungsleitung in Abstimmung mit den technischen Versorgern in einer außergewöhnlichen Aktion mit dem 300-t-Teleskopkran der Firma Mammoet angehoben.

Die Brücken über die Pleiße in Lobstädt und die Wyhra in Borna konnten nicht ohne die Gefahr der Beschädigung überquert werden. Daher wurden zwei Dämme aufgeschüttet, über die der fast 1000 Tonnen schwere Transport fahren konnte. Für den staufreien Durchlass des Wassers wurden Rohre mit einem Durchmesser von 80 cm eingebracht.

Die Erdarbeiten für die Dämme, der Ausgleich der Straßenunebenheiten und das Präparieren der Bahnübergänge wurden unter Leitung der Bornaer Baufirma Florack Bauunternehmung GmbH und der GALA-MIBRAG Service GmbH realisiert. Dabei wurden über 50000 Kubikmeter Erdreich bewegt und ca. 10000 Tonnen Schotter und Sand-Schotter-Gemisch verbaut und umgehend wieder rückgebaut.
In Borna musste neben den umfangreichen Erdarbeiten an der Wyhraquerung Ecke Angerstraße/Sachsenallee der Edeka-Parkplatz nivelliert und Teile des Martin-Luther-Platzes betoniert werden. Dort wollte man das Einbrechen von Abwasserkanälen verhindern. Ebenfalls aus diesem Grund musste in der Abtsdorfer Str. der Umweg über den Parkplatz am Druckhaus Borna genommen werden.
Gleichzeitig wurde am neuen Standort für die Emmauskirche, auf dem Martin-Luther-Platz, ein Fundament errichtet.

Die Grundsteinlegung.

Am Sonntag, den 28. Oktober fand nach dem sonntäglichen Gottesdienst in einem feierlichen Akt die Grundsteinlegung für die Emmauskirche statt.
Pfarrerin Claudia Wolf verlas eine Urkunde, welche in einer Kupferkassette verstaut, der Nachwelt vom Kirchenumzug berichten soll. Weiterhin wurden der Kassette das aktuelle Amtsblatt der Stadt Borna, eine Ausgabe der Leipziger Volkszeitung vom Wochenende 20./21. Oktober, Zeitdokumente aus Heuersdorf (vor allem Zeitungsartikel), der Vertrag über die Translozierung der Emmauskirche sowie einige Münzen (1 Cent bis 2 Euro) beigelegt.
Kirchenvorstand Detlef Voigt, Oberbürgermeister Bernd Schröter und Frank Preußler von der Florack GmbH assistierten.

Die ersten Millimeter.

Es ist Sonntag, der 21. Oktober 2007. Es ist einer dieser nasskalten Oktobertage, an denen man am liebsten nicht vor die Tür geht.

Dennoch stehen zur besten Kaffeetrinkenzeit an der unwirtlichen Tagebaugrenze im Ort Heuersdorf stundenlang frierend an die einhundert übernächtigte Techniker, Journalisten und Politiker und schauen gebannt und in Gedanken versunken auf eine alte Kirche.

Wird sie halten? Werden die zahlreichen Experten Recht bekommen, die immer wieder auf die technische Unmöglichkeit dieses Abenteuers hingewiesen haben?

Nur wenige sind sich sicher ...

Kaum optisch wahrnehmbar beginnen die Kletterpressen ihre Arbeit und heben die Kirche Millimeter um Millimeter an und lösen sie von dem Boden, der sie die vielen Jahrhunderte getragen hat.

Die Techniker denken an Hebelgesetze und statische Formeln, die Verantwortlichen haben zwei verschiedene Pressetexte vorbereitet, Journalisten warten auf aktionsgeladene Bilder, einige Nachdenkliche kommen ins Grübeln über die Entwurzelung eines Gotteshauses.

Harald Baumgarten: „Insgesamt macht das Gebäude einen stabilen Eindruck. Allerdings sorgten die niedrigen Temperaturen dafür, dass der frisch aufgetragene Mörtel nicht vollständig aushärtete. Deswegen konnten wir die Spanngurte, die das Bauwerk außen stabilisieren noch nicht komplett anziehen."

Ein außergewöhnlicher Transport. Ein starkes Team.

Es galt, eine technische Lösung für die Machbarkeit des Transportes des 1258 erbauten Gebäudes aus Feldstein mit einem Gewicht von 820 Tonnen, 14,59 m Länge, 9,70 m Breite und 18,22 m Höhe zu finden. Ein Spezialist sollte ein Transportkonzept entwickeln und diesen außergewöhnlichen und spektakulären Schwerlasttransport ausführen. Der Auftrag wurde an den seit 1992 am Chemiestandort Leuna ansässigen Kran- und Transportspezialisten Mammoet Deutschland GmbH vergeben.

Die 12 Kilometer lange Strecke wurde im Vorfeld vermessen und eine komplette Animation der Durchführung des Transportes, AutoCad-gestützt, durchgeführt. Die ergebnisorientierte mehrmonatige Vorbereitungsarbeit mit Behörden, Straßenmeistereien, der Deutschen Bundesbahn sowie kommunalen Versorgungsträgern unter dem engagierten Einsatz des Projektleiters Gernot Öder war die Basis für den Erfolg des außergewöhnlichen Transportes. Zur Durchführung des Transportes wurde sich für die selbstfahrenden modularen Transporteinheiten SPMT (Self Propelled Modular Trailers) der Firma Scheuerle entschieden, auf insgesamt 40 Achslinien, doppelt gekoppelt.

Jedes der Radpaare des Trailers kann sich um 360 Grad drehen, womit es möglich ist, die Kirche millimetergenau an den gewünschten Standort zu setzen.

Das SPMT-Team:
Michiel Buijs, Jan Boomas, Thieu Fransen, Gernot Öder, Uwe Wenzel

Michiel Buijs
Trailer-Führer

„Es macht Spaß. Es ist unser tägliches Geschäft und dennoch etwas besonderes, weil man nicht jeden Tag eine Kirche transportiert."

Uwe Wenzel
Geschäftsführer Mammoet Deutschland

„Für unser Unternehmen gehört die Umsetzung der Heuersdorfer Emmauskirche zu den schönsten Projekten mit dem höchsten Stellenwert. Das gibt es im Berufsleben nur einmal."

Die Emmaus-Kirche auf dem Weg ...

Der Transport der Emmauskirche führte über eine 12 km lange Strecke von Heuersdorf nach Borna und nahm insgesamt eine Woche in Anspruch. Das lag vor allem daran, dass vor den Bahnübergängen in Deutzen und Neukieritzsch gewartet werden musste. Darüber hinaus musste die jeweilige Strecke des nächsten Tages immer wieder erst präpariert und nach dem Überfahren sofort wieder beräumt und gesäubert werden, um die Sperrungen und Belastungen für die Einwohner möglichst gering zu halten.

Am Anfang der Transportstrecke in Heuersdorf und am Ende in Borna waren die engsten Stellen zu durchfahren. Unmittelbar vor dem endgültigen Standort auf dem Martin-Luther-Platz in Borna befand sich eines der kritischsten Nadelöhre. Die Einfahrt war durch zwei Gebäude begrenzt. Eine millimetergenaue Arbeit des SPMT-Teams zur Durchfahrt war notwendig.

Hatten sich die ersten Tage nur einige Hundert Schaulustige nach Heuersdorf verirrt, so wurden es von Tag zu Tag mehr.

Am Sonntag pilgerten schon fast 30000 Menschen an die Strecke zwischen Deutzen und dem Bahnübergang Neukieritzsch.

In allen Fernsehkanälen und Zeitungen wurde über diesen außergewöhnlichen Transport berichtet.

Für viele war es einer der emotionalsten Momente, als die Kirche auf die lange Gerade Richtung Ortseingang Borna einbog, auf ihre neue Heimat zu. Tausende begrüßten die Emmauskirche am Ortseingang der Kreisstadt Borna.

Am Reformationstag gab es dann kein Halten mehr. Bei strahlend blauem Himmel wimmelte es in der ganzen Stadt Borna nur so von Menschen, die die „Kirche auf Rädern" mit eigenen Augen sehen wollten.

Die Schirmherren Ministerpräsident Milbradt und Landesbischof Bohl begrüßten die Kirche auf dem Martin-Luther-Platz.

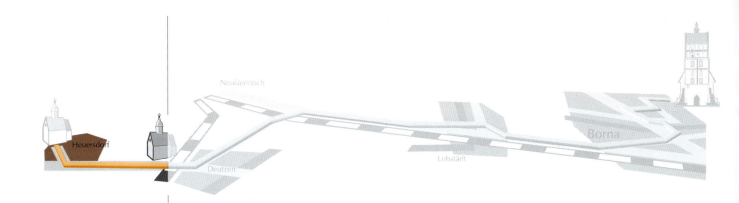

25. Oktober 2007
Heuersdorf

Nachdem die Kirche erfolgreich hydraulisch angehoben, auf den Trailer aufgesetzt und der Rückbau der überstehenden Stahlträger erfolgt war, startete die Kirche Punkt 9:55 Uhr die zwei Kilometer lange Strecke in Richtung Deutzen.
Superintendent Matthias Weismann und Pfarrer Thomas Krieger segneten die Kirche während eines Gottesdienstes für die bevorstehende Reise. Zahlreiche Heuersdorfer und Gäste begleiteten die Kirche.
In den Heuersdorfer Straßen ging es manchmal sehr eng zu und das eine oder andere Hindernis musste noch kurzfristig aus dem Weg geräumt werden.

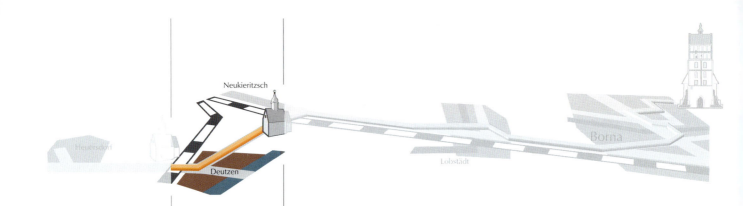

25. Oktober 2007
Heuersdorf

Nachdem die Kirche erfolgreich hydraulisch angehoben, auf den Trailer aufgesetzt und der Rückbau der überstehenden Stahlträger erfolgt war, startete die Kirche Punkt 9:55 Uhr die zwei Kilometer lange Strecke in Richtung Deutzen.
Superintendent Matthias Weismann und Pfarrer Thomas Krieger segneten die Kirche während eines Gottesdienstes für die bevorstehende Reise.
Zahlreiche Heuersdorfer und Gäste begleiteten die Kirche.
In den Heuersdorfer Straßen ging es manchmal sehr eng zu und das eine oder andere Hindernis musste noch kurzfristig aus dem Weg geräumt werden.

27. Oktober 2007
Deutzen

Die Fahrt zum Bahnübergang Deutzen verlief ohne Probleme und die Kirche traf früher als erwartet ein. Dort „parkte" die Kirche, bevor sie zu mitternächtlicher Stunde die Eisenbahnstrecke Leipzig-Altenburg überqueren konnte. Dies geschah ohne Zwischenfälle und die Kirche konnte in den Morgenstunden des 28. Oktobers ihren Weg in Richtung Neukieritzsch fortsetzen wo es dann die nächste Hürde zu überwinden galt.

Gernot Öder
Projekt-Ingenieur Mammoet Deutschland

„Die Besonderheit dieses Umzuges liegt in der Tatsache begründet, dass die Transportstrecke nie dafür vorgesehen war, darauf eine Kirche zu transportieren."

Am Sonntag, den 28. Oktober, zog es bei strahlendem Sonnenschein tausende Gäste an die Strecke zwischen Deutzen und Neukieritzsch. Sie kamen von überall – von der Küste und aus den Bergen. Jeder wollte sie sehen – die 750 Jahre alte Kirche „auf Rädern".

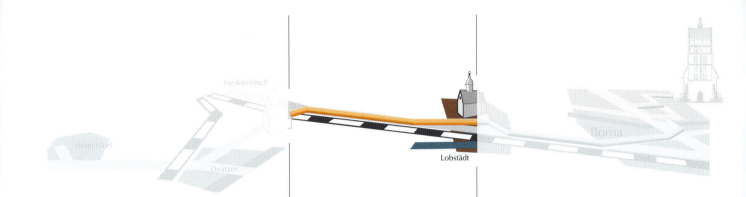

25. Oktober 2007
Heuersdorf

Nachdem die Kirche erfolgreich hydraulisch angehoben, auf den Trailer aufgesetzt und der Rückbau der überstehenden Stahlträger erfolgt war, startete die Kirche Punkt 9:55 Uhr die zwei Kilometer lange Strecke in Richtung Deutzen. .
Superintendent Matthias Weismann und Pfarrer Thomas Krieger segneten die Kirche während eines Gottesdienstes für die bevorstehende Reise.
Zahlreiche Heuersdorfer und Gäste begleiteten die Kirche.
In den Heuersdorfer Straßen ging es manchmal sehr eng zu und das eine oder andere Hindernis musste noch kurzfristig aus dem Weg geräumt werden.

27. Oktober 2007
Deutzen

Die Fahrt zum Bahnübergang Deutzen verlief ohne Probleme und die Kirche trat früher als erwartet ein. Dort „parkte" die Kirche, bevor sie zu mitternächtlicher Stunde die Eisenbahnstrecke Leipzig-Altenburg überqueren konnte.
Dies geschah ohne Zwischenfälle und die Kirche konnte in den Morgenstunden des 28. Oktobers ihren Weg in Richtung Neukieritzsch fortsetzen wo es dann die nächste Hürde zu überwinden galt.

28. Oktober 2007
Neukieritzsch

Früher und schneller als geplant, passierte die Emmauskirche den Bahnübergang in Neukieritzsch.
Jedoch waren die Vorbereitungsarbeiten enorm: Ober- und Hochspannungsleitungen mussten freigeschaltet, Masten mittels Kränen angehoben und der Anstieg am Bahnübergang ausgeglichen werden.
Kurz hinter dem Bahnübergang wurde es dann spannend.
Eine Brücke, unter der früher eine Bergbaubahn hindurch führte, musste überquert werden.
Da nicht gewiss war, ob die Brücke der Last standhält, wurden bereits am Tag Testfahrten mit zwei 40-Tonnern durchgeführt – Test bestanden.
Die Kirche setzte ihren Weg ohne Probleme nach Lobstädt fort, wo sie die Nacht verbrachte.

Uwe Landgraf
MIBRAG, Direktor Einkauf

„Unter der Bundesstraße führte früher eine Bergbaubahn hindurch. Wir wussten nicht, ob sie der Last standhält, weswegen wir tagsüber mit zwei 40-Tonnern getestet haben."

Dipl.-Ing. (FH) Roland Schmitt
VERMESSUNGS- UND KOPIERBÜRO SCHMITT

Das Vermessungsbüro Schmitt bereitete den Transport der Emmauskirche vom ersten Tage an mit vor. Die Vermesser waren auch auf dieser einmaligen „Baustelle" die ersten und die letzten Akteure.

Weit im Vorfeld des Transportes wurden Länge, Breite und Höhe der Kirche ermittelt. Es erfolgte die Auswahl und Vermessung des Transportweges als Basis für ein Planungsmodel der Firma Mammoet.

Der Weg der Kirche war schnell gefunden, geändert und neu überdacht. Exakte Lagepläne wurden erstellt, alle Engstellen und Höhenwechsel genau bestimmt, jeder Baum und jedes Verkehrsschild eingemessen.

Die Positionen der Kletterpressen am alten Standort der Kirche in Heuersdorf mussten eingemessen werden, um sie am neuen Standort, bauwerksbezogen, angeben zu können. Diese Arbeiten verlangten ein hohes Maß an Präzision, damit exakt die gleichen Druckpunkte beim Aufnehmen und Absetzen der Kirche eingehalten wurden.

Das Bauwerk 12 (BW 12) zwischen Neukieritzsch und Lobstädt bildete eine besondere Herausforderung für die Vermessung. Dieses eigentlich kleine, unauffällige Brückenbauwerk galt es messtechnisch zu überwachen. Nicht jeden Tag rollt ein Transport, mit dieser doch hohen Last, über ein solches Bauwerk. Ein Ausweichen, wie z. B. in Lobstädt oder Borna, war nicht möglich. Aus diesem Grund kamen am BW 12 Industriemesssysteme zum Einsatz, die Verformungs- und Setzungserscheinungen noch im Messbereich 1/1000 mm nachweisen können. Statiker hatten einen kritischen Wert errechnet, dieser wurde nachweislich nicht erreicht.

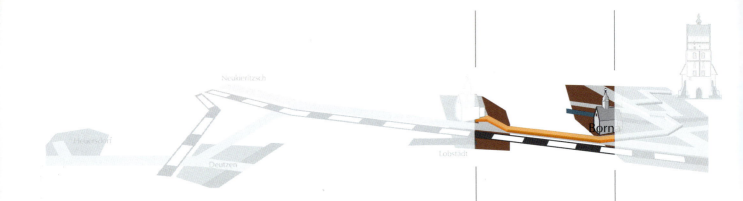

25. Oktober 2007
Heuersdorf

Nachdem die Kirche erfolgreich hydraulisch angehoben, auf den Trailer aufgesetzt und der Rückbau der überstehenden Stahlträger erfolgt war, startete die Kirche Punkt 9:55 Uhr die zwei Kilometer lange Strecke in Richtung Deutzen.
Superintendent Matthias Weismann und Pfarrer Thomas Krieger segneten die Kirche während eines Gottesdienstes für die bevorstehende Reise.
Zahlreiche Heuersdorfer und Gäste begleiteten die Kirche.
In den Heuersdorfer Straßen ging es manchmal sehr eng zu und das eine oder andere Hindernis musste noch kurzfristig aus dem Weg geräumt werden.

27. Oktober 2007
Deutzen

Die Fahrt zum Bahnübergang Deutzen verlief ohne Probleme und die Kirche traf früher als erwartet ein. Dort „parkte" die Kirche, bevor sie zu mitternächtlicher Stunde die Eisenbahnstrecke Leipzig-Altenburg überqueren konnte.
Dies geschah ohne Zwischenfälle und die Kirche konnte in den Morgenstunden des 28. Oktobers ihren Weg in Richtung Neukieritzsch fortsetzen wo es dann die nächste Hürde zu überwinden galt.

28. Oktober 2007
Neukieritzsch

Früher und schneller als geplant, passierte die Emmauskirche den Bahnübergang in Neukieritzsch.
Jedoch waren die Vorbereitungsarbeiten enorm: Ober- und Hochspannungsleitungen mussten freigeschaltet, Masten mittels Kränen angehoben und der Anstieg am Bahnübergang ausgeglichen werden.
Kurz hinter dem Bahnübergang wurde es dann spannend.
Eine Brücke, unter der früher eine Bergbaubahn hindurch führte, musste überquert werden.
Da nicht gewiss war, ob die Brücke der Last standhält, wurden bereits am Tag Testfahrten mit zwei 40-Tonnern durchgeführt – Test bestanden.
Die Kirche setzte ihren Weg ohne Probleme nach Lobstädt fort, wo sie die Nacht verbrachte.

29. Oktober 2007
Lobstädt

In den frühen Morgenstunden setzte die Emmauskirche ihren Weg nach Borna fort. Hunderte Zuschauer, unter denen sich auch der Heuersdorfer Pfarrer Krieger befand, hatten sich versammelt, um die Überquerung der Pleiße zu verfolgen.
Vier Kilometer Wegstrecke, die längste Etappe des Transports, lagen jetzt vor der Kirche – begleitet von einer Polizeieskorte und vielen Spaziergängern.

Mario Gentzsch
Kirchgemeinde Heuersdorf

„Ich wünsche mir, dass die Kirche in Borna genauso wie in Heuersdorf genutzt wird; auch im Kontrast zur Stadtkirche."

25. Oktober 2007
Heuersdorf

Nachdem die Kirche erfolgreich hydraulisch angehoben, auf den Trailer aufgesetzt und der Rückbau der überstehenden Stahlträger erfolgt war, startete die Kirche Punkt 9:55 Uhr die zwei Kilometer lange Strecke in Richtung Deutzen.
Superintendent Matthias Weismann und Pfarrer Thomas Krieger segneten die Kirche während eines Gottesdienstes für die bevorstehende Reise.
Zahlreiche Heuersdorfer und Gäste begleiteten die Kirche.
In den Heuersdorfer Straßen ging es manchmal sehr eng zu und das eine oder andere Hindernis musste noch kurzfristig aus dem Weg geräumt werden.

27. Oktober 2007
Deutzen

Die Fahrt zum Bahnübergang Deutzen verlief ohne Probleme und die Kirche traf früher als erwartet ein. Dort „parkte" die Kirche, bevor sie zu mitternächtlicher Stunde die Eisenbahnstrecke Leipzig-Altenburg überqueren konnte.
Dies geschah ohne Zwischenfälle und die Kirche konnte in den Morgenstunden des 28. Oktobers ihren Weg in Richtung Neukieritzsch fortsetzen wo es dann die nächste Hürde zu überwinden galt.

28. Oktober 2007
Neukieritzsch

Früher und schneller als geplant, passierte die Emmauskirche den Bahnübergang in Neukieritzsch.
Jedoch waren die Vorbereitungsarbeiten enorm: Ober- und Hochspannungsleitungen mussten freigeschaltet, Masten mittels Kränen angehoben und der Anstieg am Bahnübergang ausgeglichen werden.
Kurz hinter dem Bahnübergang wurde es dann spannend.
Eine Brücke, unter der früher eine Bergbaubahn hindurch führte, musste überquert werden.
Da nicht gewiss war, ob die Brücke der Last standhält, wurden bereits am Tag Testfahrten mit zwei 40-Tonnern durchgeführt – Test bestanden.
Die Kirche setzte ihren Weg ohne Probleme nach Lobstädt fort, wo sie die Nacht verbrachte.

29. Oktober 2007
Lobstädt

In den frühen Morgenstunden setzte die Emmauskirche ihren Weg nach Borna fort.
Zahlreiche Zuschauer, unter denen sich auch der Heuersdorfer Pfarrer Krieger befand, hatten sich versammelt um die Überquerung der Pleiße, welche vom Glockengeläut der Lobstädter Kirche begleitet wurde, zu verfolgen.
Vier Kilometer Wegstrecke, die längste Etappe des Transports, lagen jetzt vor der Kirche – begleitet von einer Polizeieskorte und vielen Spaziergängern.

29. Oktober 2007
Borna

Gegen 13:00 Uhr war es soweit, die Bornaer, aber auch Gäste aus Nah und Fern, konnten die Emmauskirche begeistert in Empfang nehmen.
Damit nun auch nichts mehr schief gehen konnte, bekam Supervisor Michiel Buijs einen überdimensional großen Stadtplan und die neue Hausnummer überreicht.
Zum letzten Mal sollte die Kirche nun in der Abtsdorfer Straße, vor dem Druckhaus Borna, eine „Pause" einlegen bevor es zum endgültigen Standort auf den Martin-Luther-Platz ging.

Crocodile Cheers, ZFC Meuselwitz
beim „bauen" der Figur „Emmauskirche"

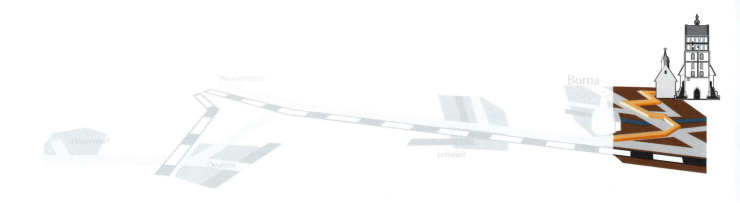

25. Oktober 2007
Heuersdorf

Nachdem die Kirche erfolgreich hydraulisch angehoben, auf den Trailer aufgesetzt und der Rückbau der überstehenden Stahlträger erfolgt war, startete die Kirche Punkt 9:55 Uhr die zwei Kilometer lange Strecke in Richtung Deutzen.
Superintendent Matthias Weismann und Pfarrer Thomas Krieger segneten die Kirche während eines Gottesdienstes für die bevorstehende Reise.
Zahlreiche Heuersdorfer und Gäste begleiteten die Kirche.
In den Heuersdorfer Straßen ging es manchmal sehr eng zu und das eine oder andere Hindernis musste noch kurzfristig aus dem Weg geräumt werden.

27. Oktober 2007
Deutzen

Die Fahrt zum Bahnübergang Deutzen verlief ohne Probleme und die Kirche traf früher als erwartet ein. Dort „parkte" die Kirche, bevor sie zu mitternächtlicher Stunde die Eisenbahnstrecke Leipzig-Altenburg überqueren konnte.
Dies geschah ohne Zwischenfälle und die Kirche konnte in den Morgenstunden des 28. Oktobers ihren Weg in Richtung Neukieritzsch fortsetzen wo es dann die nächste Hürde zu überwinden galt.

28. Oktober 2007
Neukieritzsch

Früher und schneller als geplant, passierte die Emmauskirche den Bahnübergang in Neukieritzsch.
Jedoch waren die Vorbereitungsarbeiten enorm: Ober- und Hochspannungsleitungen mussten freigeschaltet, Masten mittels Kränen angehoben und der Anstieg am Bahnübergang ausgeglichen werden.
Kurz hinter dem Bahnübergang wurde es dann spannend.
Eine Brücke, unter der früher eine Bergbaubahn hindurch führte, musste überquert werden.
Da nicht gewiss war, ob die Brücke der Last standhält, wurden bereits am Tag Testfahrten mit zwei 40-Tonnern durchgeführt – Test bestanden.
Die Kirche setzte ihren Weg ohne Probleme nach Lobstädt fort, wo sie die Nacht verbrachte.

29. Oktober 2007
Lobstädt

In den frühen Morgenstunden setzte die Emmauskirche ihren Weg nach Borna fort.
Zahlreiche Zuschauer, unter denen sich auch der Heuersdorfer Pfarrer Krieger befand, hatten sich versammelt um die Überquerung der Pleiße, welche vom Glockengeläut der Lobstädter Kirche begleitet wurde, zu verfolgen.
Vier Kilometer Wegstrecke, die längste Etappe des Transports, lagen jetzt vor der Kirche – begleitet von einer Polizeieskorte und vielen Spaziergängern.

29. Oktober 2007
Borna

Gegen 13:00 Uhr war es soweit, die Bornaer, aber auch Gäste aus Nah und Fern, konnten die Emmauskirche begeistert in Empfang nehmen.
Damit nun auch nichts mehr schief gehen konnte, bekam Supervisor Michiel Buijs einen überdimensional großen Stadtplan und die neue Hausnummer überreicht.
Zum letzten Mal sollte die Kirche nun in der Abtsdorfer Straße, vor dem Druckhaus Borna, eine „Pause" einlegen bevor es zum endgültigen Standort auf den Martin-Luther-Platz ging.

30. Oktober 2007
Borna

Die letzte Etappe – die Fahrt von der Abtsdorfer Straße über die Sachsenallee, den Edeka-Parkplatz hin zum Martin-Luther-Platz. Auch hier galt es noch kleine Hindernisse aus dem Weg zu räumen, einen Fluss – die Wyhra – zu überqueren und schließlich das Nadelöhr – die Einfahrt auf den Martin-Luther-Platz – wo auf beiden Seiten nicht mehr als zwei Zentimeter Platz waren.

Das Team von Mammoet, allen voran der sympathische Trailer-Fahrer Michiel Buijs, hat den Transport souverän gemeistert.

Matthias Weismann
Superintendent

„Die Kirche soll am neuen Ort ein geistliches Zentrum der Erinnerung sein und den vom Bergbau in der Region betroffenen Menschen Halt geben."

Petra Köpping
Landrätin

„... So steht der Erhalt und die Umsetzung der 750 Jahre alten Heuersdorfer Emmauskirche an ihren neuen Standort gleichzeitig symbolisch für die Vielzahl an Kulturgütern, zu denen auch die Kirchen der überbaggerten Orte gehörten, die unwiederbringlich verloren sind. Ich freue mich ganz besonders, dass die Kirchgemeinde Borna für die Emmauskirche in zentraler Lage direkt neben der Stadtkirche St. Marien ein neues Zuhause gefunden hat."

Martin-Luther-Platz 3

Die „alte Kirchschule", wurde 1625/28 neu erbaut an der Stelle eines älteren Schulgebäudes. Bis zum Mai 1830 befand sich hier die Knabenschule. Der berühmteste Schüler war der Dichter Johann Gottfried Seume (1763 – 1810), der hier einst als Lateinschüler beim Rektor Johann Friedrich Korbinsky (1727 – 1796) die wichtigsten Jahre seiner Schulzeit verbrachte.

1830 wurde das Schulgebäude umgebaut und als Mädchenschule wiedereröffnet. Dies blieb so bis zur Eröffnung der Bürgerschule (heute: Dinterschule) im Jahre 1876. Das leerstehende Gebäude vermietete die Stadtverwaltung 1877 an das hiesige Karabinier-Regiment, die hier eine Unteroffiziersspeiseanstalt (Unteroffizierskasino) einrichtete.

Ab den 20er Jahren des vorigen Jahrhunderts zog in das Erdgeschoss die Allgemeine Ortskrankenkasse (AOK) Borna ein und später bis 1988 die FDGB-Sozialversicherung. Danach begann man mit umfangreichen Rekonstruktionsarbeiten, da das Gebäude in einem jämmerlichen Zustand war. Doch im Herbst 1989, als die Bauarbeiten gerade beendet waren, vernichtete ein fahrlässig oder böswillig angerichtetes Schadenfeuer den Dachstuhl und das Gebäude musste abgerissen werden.

Die letzten Zentimeter ...
bis zum endgültigen Standort legte die Emmauskirche am 31. Oktober zurück, nachdem Ministerpräsident Georg Milbradt den symbolischen Startschuss dafür gegeben hatte – begleitet vom Glockengeläut der Emmauskirche (über Lautsprecher vom Band). Damit war der spektakuläre Umzug der Emmauskirche von Heuersdorf nach Borna offiziell beendet. Unter den Ehrengästen befand sich u. a. auch Landesbischof Jochen Bohl, Landrätin Petra Köpping und der Geschäftsführer der Mitteldeutschen Braunkohlengesellschaft Bruce P. de Marcus.

Georg Milbradt
Ministerpräsident Sachsen

„Die Emmauskirche in Borna steht als Symbol für Heimat. Und sie kann auch dafür stehen, dass der Braunkohleabbau nicht nur zerstörerisch wirkt."

Heino Streller
Kirchgemeinde Borna

„Der Text des Liedes der ‚Krähenwinkler Landwehr': ‚Immer langsam voran ...' wurde in den 80er Jahren vom „Bornschen Haufen" schon einmal parodiert.
So kam es zur Idee, es noch einmal zur Ankunft der Emmauskirche zu tun.
Sie kam im Zeitalter der Hightech, auf der sie auch transportiert wurde, im Schritttempo an, was noch einmal verdeutlichte, dass es sich um eine 750-Jahre alte Kirche handelt."

Absetzen

Am 1. und 2. November konnten die Bornaer und deren Gäste das Absetzen der Emmauskirche auf ihr neues Fundament verfolgen.
Dazu mussten die seitlichen Träger wieder angeschraubt werden. Es folgte der Aufbau der Kletterpressen an den vom Vermessungsbüro Schmitt bestimmten Stellen mit exakt den gleichen Druckpunkten wie beim Aufnehmen der Kirche.
Nach dem Absetzen konnte Trailer-Kapitän Michiel Buijs den fahrenden Untersatz herausmanövrieren.
Anschließend wurde der Untergrund gesäubert und eine Sperrschicht aufgetragen.
Langsam konnte die Kirche nun abgesetzt werden.

Geschafft!

Wie weiter, Emmauskirche?

Prof. Rainer Arnold

1. Voraussetzungen

Vor dem Hintergrund der langjährigen Debatten um das Schicksal der sächsischen Dörfer Heuersdorf und Großhermsdorf (seit dem Zusammenschluss 1935 Heuersdorf) und dem Ringen vieler Einwohner um den Erhalt des mehr als 800 Jahre alten Ortes war die am Abbau und der wirtschaftlichen Nutzung der unter dem Ort befindlichen Braunkohle interessierten MIBRAG von Anfang an bereit, bei einer Devastierung des Ortes nicht allein die Bewohner, die Heuersdorf verlassen müssen, angemessen zu entschädigen, sondern markante und für das Gemeinschaftsleben wichtige Baudenkmale an einen anderen, von den Heuersdorfern zu bestimmenden Ort umzusetzen. Da eine gemeinschaftliche Umsiedlung aus Gründen, die hier nicht zu erörtern sind, unterblieb, die Devastierung nicht allein beschlossene Sache ist und tatsächlich bereits begonnen hat, ist auf der Grundlage der Zusicherungen, welche die MIBRAG öffentlich und wiederholt gemacht hat, eine Translozierung der Emmauskirche Heuersdorf realisiert worden. Diese Umsetzung war auch der ausdrückliche Wunsch der Kirchgemeinde Heuersdorf/Lobstädt, des Kirchenvorstands und vieler Heuersdorfer.

Die MIBRAG hat stets die technische Machbarkeit einer solchen Umsetzung herausgestellt, als es um die Zustimmung zur Devastierung des Ortes und zur wirtschaftlichen Verwertung der unter Heuersdorf erkundeten Braunkohlenlagerstätte ging, und das Kuratorium ging von Anfang an davon aus, dass es im öffentlichen Interesse, aber vor allem auch im Sinne der Firmenphilosophie der MIBRAG AG selbst ist, wenn diese Umsetzung realisiert wird. Im Übrigen belegten vorhandene Gutachten und Stellungnahmen eindeutig, dass einer Translozierung der Kirche keine unüberwindlichen technischen Hemmnisse entgegen standen, sondern dass eine solche machbar ist. Wenn sie aus technischen oder anderen Gründen nicht machbar gewesen wäre, hätte die MIBRAG als großes, international operierendes und seriöses Unternehmen nicht von Anfang an eine Umsetzung angeboten.

2. Aufgaben des Kuratoriums

Das in der Kreisstadt Borna gegründete Kuratorium Emmauskirche bemühte sich zunächst darum, einen Standort im Zentrum von Borna zu definieren, wobei davon ausgegangen wurde, dass die ev.-luth. Kirchgemeinde von Borna und der Kirchenvorstand der ev.luth. Kirchgemeinde von Heuersdorf/Lobstädt überein gekommen sind und beschlossen haben, die Emmauskirche neben die Stadtkirche St. Marien zu bringen. Das Gotteshaus wird einen faszinierenden Aspekt in kirchlicher, aber darüber hinaus auch in städtebaulicher und kultureller Hinsicht mitten im Zentrum der Stadt, die den Kreissitz des neuen Landkreises Leipzig, anstrebt, schaffen.

Das Kuratorium sah seine Aufgabe in erster Linie darin
- den denkmalgerechten Erhalt dieses spätestens aus dem 13. Jh. stammenden Gotteshauses für die Kirchgemeinde dauerhaft zu sichern
- die von der MIBRAG durchgeführte Translozierung der Kirche inhaltlich zu begleiten
- eine Nutzungskonzeption zu erarbeiten, die den gottesdienstlichen und kirchlichen Charakter des Hauses mit einer für die ganze Öffentlichkeit wichtigen geistigen und kulturellen Anziehungskraft harmonisch verbindet

- alle, die für das Schicksal von Heuersdorf und der Kirche Verantwortung tragen, an die ethische und moralische Dimension ihrer Entscheidungen und ihrer Positionierung zu erinnern.

3. Ziele der Umsetzung

Die Ziele, die mit der Umsetzung der Emmauskirche nach Borna verfolgt wurden, sind komplex und mannigfaltig; sie sind die ausschlaggebenden Gesichtspunkte, die den Sinn einer solchen Translozierung bestimmen.

In erster Linie – es handelt sich bekanntlich um ein in mehr als acht Jahrhunderten ununterbrochen geweihtes Gotteshaus – bedarf es der Bestimmung der gottesdienstlichen und gemeindlichen Funktion dieser Kirche. Das ist die Aufgabe der Kirchgemeinde. Die Emmauskirche in Borna wird eine Bereicherung und eine Erweiterung des kirchlichen und spirituellen Lebens der Kreisstadt darstellen. Die ev.-luth. Kirchgemeinde Borna und der Kirchenbezirk Borna werden der Emmauskirche, bei gesicherter Gewährleistung der finanziellen Rahmenbedingungen (Bauunterhaltungsfonds) eine bedeutende Rolle im gottesdienstlichen Leben der Kirche einräumen und es kann mit Recht erwartet werden, dass von ihr ein wichtiger Impuls für das kirchgemeindliche Leben in Borna und im Kirchenbezirk ausgehen wird, welcher eben darum über die Grenzen der Bornaer Gemeinde hinaus wirken wird. Es ist wohl als selbstverständlich vorauszusetzen und zu erwarten, dass die Heuersdorfer und die vielen ehemaligen Bewohner der zahlreich devastierten Dörfer um Borna in der Emmauskirche ein Symbol ihrer Geschichte, einen Ort der Erinnerung und der Begegnung und als einen Hort ihnen wichtiger gottesdienstlicher Handlungen (Taufe, Konfirmation, Hochzeit, Jubiläen, Begräbnis) wertschätzen werden.

Damit würde eine schmerzliche Lücke im Leipziger Südraum geschlossen, denn die Kirchruine Wachau, die sich der Erinnerung der „verlorenen Orte" widmet, kann und wird diese Aufgabe nicht erfüllen. Aus alldem wird ersichtlich, dass eine Translozierung der Kirche nach Borna eine inhaltliche Aufgabe erfüllt, die an keinem anderen Ort gegeben sein würde. Im Übrigen war die ev.-luth. Kirchgemeinde Borna, im Einvernehmen mit der Kirchgemeinde Heuersdorf/Lobstädt, die einzige Gemeinde, die das Gotteshaus übernehmen und als solches nutzen wollte.

Angesichts der Besonderheit des Gebäudes, des Ortes, an dem sie sich befand, und des Platzes, an den sie umgesetzt werden soll, bieten sich, der kirchlichen Sinnhaftigkeit des Hauses nachgeordnet, weitere Wirkungs- und Nutzungsmöglichkeiten geradezu an.

Der Bergbau im Bornaer Revier hatte, wie überall, zwei Gesichter: Er gab vielen Menschen in der Region Arbeit und Lebensunterhalt; er stiftete Zusammengehörigkeit und Identität und gab dem Leben vieler einen Sinn. Das Bornaer Land wandelte sich von einer reinen Agrarregion zu einer Industrielandschaft mit Zuzug von Menschen aus anderen Teilen Deutschlands und aus Polen und konnte sich, ungeachtet aller politischen Wandlungen, im Zentrum des wirtschaftlichen Lebens bewegen. Andererseits waren Beanspruchung an Landschaft und zahlreiche Wohnstätten, waren die ökologischen Konsequenzen enorm; enorm, ja in gewisser Weise verheerend waren aber auch die sozialen und psychischen Wirkungen des abrupten Endes der Braunkohlenwirtschaft nach 1990. Gleichzeitig ergaben sich die

Möglichkeiten zu einem Neuanfang, und wir Heutigen können schon die ersten Früchte des einmaligen Renaturierungsprozesses ernten: Seen und Landschaft werden zur touristischen Attraktion. Die Emmauskirche in Borna kann zu einem Zentrum des Erinnerns an diesen dramatischen Teil unserer Geschichte werden.

Der Braunkohlenbergbau und andere, oft damit im Zusammenhang stehende, wirtschaftliche Aktivitäten hatten aber noch eine weitere Folge: Es gibt wenig Orte in Europa, wo archäologische Grabungen und Forschungen in solcher Dichte und mit solch reichem Ergebnis vorhanden sind.

Es besteht deshalb der Plan, die translozierte Emmauskirche in der Weise als Ausstellungs- und intimen Veranstaltungsort zu nutzen, dass der Charakter als Kirche nicht gestört oder beeinträchtigt würde. Viele wichtige Funde z. B. sind der Öffentlichkeit überhaupt nicht zugänglich; wechselnde kleine Ausstellungen könnten, in Verbindung mit dem Landesamt für Archäologie und dem Museum der Stadt Borna, die Emmauskirche zu einem spezifischen Zentrum für die Darstellung der Ur- und Frühgeschichte der Region, die im übrigen ihre Spannung auch daraus bezieht, dass vieles noch unerforscht und unbekannt ist, werden; eine spätere Erweiterung, in welcher Form auch immer, bliebe offen, sollte aber ins Auge gefasst werden.

Von Anfang an soll angestrebt werden, hochkarätige Stücke nach thematischen und zeitlichen Ordnungsprinzipien zu zeigen und sich dabei bewusst zu beschränken, wechselnde Ausstellungen zu organisieren und mit überregionalen Institutionen zusammenzuarbeiten.

Da auf Grund der weiteren kirchlichen Nutzung die wertvolle Orgel des Bornaer Meisters Kreutzbach erhalten bleibt, wäre auch ein ungewöhnlich stimmungsvoller Raum für kleine Konzerte gegeben, der auf Grund seiner Geschichte und seiner Eigenart, in ähnlicher Weise wie der gänzlich andersgeartete Schwind-Pavillon in Rüdigsdorf/Kohren-Sahlis, Besucher und Zuhörer auch aus weiter entfernt liegenden Orten anziehen und die Rolle der Stadt Borna als eines Ortes der Kunst und der Kultur befestigen würde.

4. Finanzierung und Betreibung

Unter den bereits genannten Voraussetzungen, nämlich dass die MIBRAG, welche die Ortslage Heuersdorf in Anspruch nimmt, devastiert und wirtschaftlich mit Gewinn verwerten will, hat die MIBRAG, wie angekündigt und zugesagt, die Finanzierung der Umsetzung in vollem Maße übernommen, und daraus ergab sich auch der Anspruch der übernehmenden Kirchgemeinde auf einen Bauunterhaltungsfonds.

Im Übrigen sind alle kirchlichen und gottesdienstlichen Belange allein Angelegenheit der Kirche bzw. der oberen Kirchenbehörde.

Was die erweiterte Nutzung der Kirche anbetrifft, wäre vorstellbar, dass die ev.-luth. Kirchgemeinde Borna eine vertragliche Regelung mit einem Partner trifft, der diese Nutzung definiert und im Einzelnen regelt. Aus jetziger Sicht könnte das das Museum der Stadt Borna oder der Geschichtsverein Borna e.V. sein.

Das Kuratorium geht davon aus, dass sich die Stadt Borna, die mit der Emmauskirche ein stadtbildformendes Unikat erhalten hat, entsprechend ihrer Möglichkeiten an der Realisierung dieses Projektes beteiligt. Es dürfte des Weiteren möglich sein, Fördermittel und Zuschüsse aus dem Kulturraum Leipziger Raum und von Stiftungen zu acquirieren.

Das setzt aber rasche Entscheidungen im Sinne dieser konzeptionellen Überlegungen voraus.

Die Heuersdorfer Emmauskirche in Borna könnte – in Verbindung mit der Stadtkirche St. Marien – auf diese Weise zu einem geistlichen und kulturellen Zentrum für die Kreisstadt und für das Umland werden und zu einer Begegnungs- und Kommunikationsstätte sowohl für die ehemaligen Bewohner der durch die Braunkohlenwirtschaft devastierten Dörfer wie auch für die an der Geschichte des Braunkohlenreviers Borna Interessierten aus nah und fern werden. Es wird darauf ankommen, entsprechende Angebote und Programme mit zeitgemäßen medialen Mitteln zu entwickeln, wobei die Besonderheiten der Ur- und Frühgeschichte und der Geologie des Bornaer Landes einen besonderen Schwerpunkt bilden sollten. Über ihre religiöse Funktion hinaus könnten in der Emmauskirche spezielle, dem kirchlichen Raum entsprechende kulturelle Veranstaltungen stattfinden. Ein erstes Konzept wird in Kürze vom Kuratorium Emmauskirche vorgelegt werden.

Prof. Rainer Arnold
Kuratorium Emmauskirche

31 Da wurden Ihre Augen geöffnet und sie erkannten ihn. Und er verschwand vor ihnen.

Lukas 24, Vers 31 – Die Emmausjünger

Impressum:
Herausgeber: SÜDRAUM-VERLAG, Abtsdorfer Str. 36, 04552 Borna,
Telefon: 0 34 33/20 73 29, Telefax: 0 34 33/20 73 31
E-Mail: redaktion@suedraumverlag.de, Internet: www.suedraumverlag.de
Konzept/Layout/Satz: Katrin Kakoschky
Grafiken: Thomas Stein
Logo Emmauskirche (Rückseite): Astrid Weismann, Michael Gärtner
Fotos: Manuela Krause, Katrin Kakoschky, Romy Kresse, Ute Lindner,
Thomas Bergner, Sven Kluge, Uwe Schmidt, Bernd Schneider, Gerald Schott,
Thomas Stein, Philipp Weismann, Horst Zocher,
Foto Geuther (Luftaufnahmen S. 8, 20, 46, 84), Jean Philipp Ihle,
Günther Hunger (LVZ, S. 38, 53), Volkmar Heinz (LVZ, S. 63),
Mammoet Deutschland GmbH
Gesamtleitung (V.i.S.d.P.): Bernd Schneider
Redaktionsschluss: 21.11.2007
ISBN 978-3-937287-06-5
© 2007 SÜDRAUM-VERLAG, Borna
Alle Rechte liegen beim Herausgeber.

Quellennachweis:
- Leipziger Volkszeitung
- Nachrichtensender n-tv
- Mammoet Deutschland GmbH
- MIBRAG-Presseinformationen

Wir danken den Kirchgemeinden in Heuersdorf und Borna für die angenehme Zusammenarbeit.